Thomas Bartsch, Christian Hakenes

Informationswirtschaft erleben
für die Fachhochschulreife Nordrhein-Westfalen

Schülerband

1. Auflage

Bestellnummer 3424

Die in diesem Produkt gemachten Angaben zu Unternehmen (Namen, Internet- und E-Mail-Adressen, Handelsregistereintragungen, Bankverbindungen, Steuer-, Telefon- und Faxnummern und alle weiteren Angaben) sind i. d. R. fiktiv, d. h., sie stehen in keinem Zusammenhang mit einem real existierenden Unternehmen in der dargestellten oder einer ähnlichen Form. Dies gilt auch für alle Kunden, Lieferanten und sonstigen Geschäftspartner der Unternehmen wie z. B. Kreditinstitute, Versicherungsunternehmen und andere Dienstleistungsunternehmen. Ausschließlich zum Zwecke der Authentizität werden die Namen real existierender Unternehmen und z. B. im Fall von Kreditinstituten auch deren IBANs und BICs verwendet.

Die in diesem Werk aufgeführten Internetadressen sind auf dem Stand zum Zeitpunkt der Drucklegung. Die ständige Aktualität der Adressen kann vonseiten des Verlages nicht gewährleistet werden. Darüber hinaus übernimmt der Verlag keine Verantwortung für die Inhalte dieser Seiten.

Druck: westermann druck GmbH, Braunschweig

service@winklers.de
www.winklers.de

Bildungshaus Schulbuchverlage Westermann Schroedel Diesterweg Schöningh Winklers GmbH, Postfach 33 20, 38023 Braunschweig

ISBN 978-3-8045-**3424**-7

westermann GRUPPE

© Copyright 2019: Bildungshaus Schulbuchverlage Westermann Schroedel Diesterweg Schöningh Winklers GmbH, Braunschweig
Das Werk und seine Teile sind urheberrechtlich geschützt. Jede Nutzung in anderen als den gesetzlich zugelassenen Fällen bedarf der vorherigen schriftlichen Einwilligung des Verlages.

Vorwort

folgt

Inhaltsverzeichnis

Vorwort 3

Die PEPP GmbH – das Modellunternehmen 6

Handlungsfeld 1 Unternehmensstrategien und Management 9

Anforderungssituation 1.1: Das Unternehmen PEPP GmbH kennenlernen

Lernsituation 1.1.1: Das Unternehmen PEPP GmbH kennenlernen 10

Lernsituation 1.1.2 18

Anforderungssituation 1.2: Die Organisation der PEPP GmbH

Lernsituation 1.2.1: Das Organigramm der PEPP GmbH 27

Lernsituation 1.2.2: Spartenorganisation 32

Anforderungssituation 1.3: Analyse und Gestaltung von Geschäftsprozessen – der Versandprozess in der PEPP GmbH

Lernsituation 1.3.1: Einfache Prozessdokumentation 37

Lernsituation 1.3.2: Ereignisgesteuerte Prozesskette 41

Lernsituation 1.3.3: Logische Verknüpfungen in einer EPK 45

Lernsituation 1.3.4: Vollständig erweiterte Ereignisgesteuerte Prozesskette 48

Lernsituation 1.3.5: Die Vorteile der Ereignisgesteuerten Prozessketten 51

Handlungsfeld 2 Beschaffung 56

Anforderungssituation 2.1: Gefahren aus dem Internet und soziale Netzwerke für die PEPP GmbH 57

Lernsituation 2.1.1: Mögliche Gefahren im Internet und Schutzmaßnahmen 57

Lernsituation 2.1.2: Eine Geschäftsbriefvorlage erstellen und ein Virenprogramm anfragen 65

Lernsituation 2.1.3: Soziale Netzwerke 71

Anforderungssituation 2.2: Beschaffungsabwicklung

Lernsituation 2.2.1: Beschaffungsprozesse 76

Lernsituation 2.2.2: Mangelhafte Lieferung................. 88

Lernsituation 2.2.3: Beschaffungscontrolling 94

Anforderungssituation 2.3: Wir informieren uns über die sachgerechte Computerausstattung in der PEPP GmbH

Lernsituation 2.3.1: Sachgerechte Computerausstattung & DV-Grundbegriffe... 114

Lernsituation 2.3.2: Datensicherheit und Datenschutz 120

Lernsituation 2.3.3: 125

Lernsituation 2.3.4: Lieferantenbewertung 130

Lernsituation 2.3.5: Lieferantenauswahl – Nutzwertanalyse 132

Lernsituation 2.3.6: Pflege von Lieferantendaten............. 136

Bildquellenverzeichnis 144

Sachwortverzeichnis 145

Die PEPP GmbH – das Modellunternehmen

Unternehmensbeschreibung PEPP GmbH

Die PEPP GmbH ist ein seit vielen Jahrzehnten bestehendes Unternehmen, das sich auf die Produktion von Fest- und Werbeartikeln aus Papier spezialisiert hat.

Firmengründer Heinrich Pape legte in den 1950er-Jahren mit einem Handel für Karnevalsartikel den Grundstein. Im Laufe der Jahre wurde der Handel auf andere Brauchtumsfeste ausgeweitet – bis in den 1980er-Jahren bei der Geschäftsführung der Gedanke reifte, das Angebot auszudehnen und einen Teil der Produkte selbst herzustellen.

Nach und nach wuchs der Produktionsbereich des Unternehmens, währenddessen ging die Geschäftsleitung auf die nächste Generation über. Walter Pape holte sich mit dem Werbefachmann Jürgen Ehrlich das notwendige Know-how ins Haus, um mit dem Produktprogramm des Unternehmens auch im Bereich der Werbeartikel Fuß zu fassen. Man firmierte um zur PEPP GmbH – die Pape Ehrlicher Papier-Produkte GmbH entstand.

Heute sieht sich das Unternehmen breit aufgestellt: Man produziert die verschiedensten Artikel aus Papier und Pappe, von Papierfahnen über Bierdeckel bis hin zu lebensgroßen Aufstellern. Das Besondere: Die Artikel kosten wenig Geld, machen Spaß und sehen gut aus. Sie werden als Spielzeug für die Kleinen genutzt, als Give-aways oder Werbeträger und zur Dekoration.

Der breit gefächerte Kundennutzen, den das Sortiment der PEPP GmbH hergibt, spiegelt sich auch im Abnehmerkreis wider:

- Privatleute, die kleine Mengen über das Internet oder im Fabrikverkauf erstehen
- große Einzelhandelsketten, die Mengen in Millionenhöhe zum Weiterverkauf abnehmen
- die Gastronomie oder Eventveranstalter, die Festhallen oder auch ganze Festivals dekorieren wollen

Exklusive Werbeartikel genau nach Kundenwunsch sind die Spezialität des Unternehmens. Und bei den lebensgroßen Aufstellern bringen auch die ungewöhnlichsten Formen und Farben die Fachkräfte in der Produktion nicht ins Schwitzen.

Das Thema Umweltschutz wird dabei großgeschrieben: Die Eingangsstoffe bestehen zu 98 % aus Recyclingmaterialien, das Papier wird chlorfrei gebleicht und das verwendete Holz wird nachhaltig aus einheimischen, schnell nachwachsenden Hölzern gewonnen.

Eckdaten der PEPP GmbH

Firma	PEPP GmbH
	Pape Ehrlich Papier-Produkte Gesellschaft mit beschränkter Haftung
Hauptsitz	Heesstraße 95
	41751 Viersen
Gesellschafter und Anteile am Gesellschaftsvermögen	Gesellschafter:
	Walter Pape (Anteil: 2,5 Mio. €)
	Jürgen Ehrlich (Anteil: 1 Mio. €)
Geschäftsführung	Walter Pape, Jürgen Ehrlich
Mitarbeiterzahl	52 zuzüglich 5 Auszubildende
Hauptlieferanten	Niederrheinische Papierfabrik OHG, Holz Dierkes KG
Hauptkunden	HAKATA Warenvertrieb OHG (Großhandel für Non-Food-Artikel), Igel AG (Discounter)
Umsatz	35 Mio. € im Jahr
Geschäftsjahr	entspricht dem Kalenderjahr (01.01.–31.12.)
Produktionsprogramm	Werbeartikel und Dekorationsartikel aus Papier
Handelswaren	Luftballons
Fremdbauteile	Metallprodukte (z. B. Metallstützen und -stangen)
	Holzprodukte (z. B. Holzstäbe)
Fertigung	Werkstättenfertigung für Sonderlösungen,
	Reihen- und Fließfertigung für Standard-/Serienprodukte
Kontaktdaten	Tel.: 02162 333-0
	Fax: 02162 333-99
	E-Mail: info@pepp-gmbh.de
	Webseite: www.pepp-gmbh.de
Bankverbindung	Sparkasse Krefeld
	IBAN: DE87 3205 0000 0086 7565 43
	BIC: SPKRDE33XXX
USt-IdNr. Finanzamt Viersen	DE 333 287 222
Handelsregister	Amtsgericht Viersen HRB 2567

Absatzprogramm der PEPP GmbH

Produktgruppe 1: Fest- und Dekoartikel

Papierfahnen (12 x 24 cm) oder 3 x 4 cm)	Fahnen- und Wimpelketten	Papiergirlanden	Luftschlangen	Laterne

Autor bitte Manuskript prüfen

Die PEPP GmbH – das Modellunternehmen

Produktgruppe 2: Geschirr und Zubehör

Papierteller	Kartonbecher (Kaltgetränke)	Doppelwandbecher (Heißgetränke)	Servietten	Bierdeckel

Produktgruppe 2: Sonderartikel

Identkontroller/ VIP-Bändchen	Pappaufsteller (jede Größe)	Luftballons (Handelsware, Vorprodukt)

Kunden:
Großhandel
Einzelhandel
Gastronomie
Vereine
Konzertveranstalter
Privatkunden (Katalog/Internet/Fabrikverkauf)

Handlungsfeld 1

Unternehmensstrategien und Management

Abb. 20
folgt

Unternehmensstrategien und Management

Anforderungssituation 1.1: Das Unternehmen PEPP GmbH kennenlernen

Lernsituation 1.1.1: Das Unternehmen PEPP GmbH kennenlernen

DAS IST GESCHEHEN

In der PEPP GmbH wird gefeiert. Das Unternehmen besteht seit 60 Jahren. Gestern hatten die Gesellschafter Walter Pape und Jürgen Ehrlich ihre Mitarbeiter zu einem großen Event eingeladen. Heute hat sich eine Journalistin der ■■■ (Zeitung) angesagt, die in der Onlineausgabe der Zeitung über das Firmenjubiläum und die große Feier berichten möchte. Im Besprechungszimmer stehen Kaffee und Kekse bereit. Beide Gesellschafter haben einige Unterlagen vorbereitet. Es klopft an der Bürotür.

Walter Pape: „Ja, kommen Sie herein."

Journalistin: „Guten Morgen, ich bin Gabriela Werner von der ■■■ (Zeitung). Das ist unsere Praktikantin, Kathrin Corsten."

Walter Pape: „Schön, dass Sie beide da sind. Ich möchte Ihnen gerne meinen Mitgesellschafter und Mitgeschäftsführer Jürgen Ehrlich vorstellen."

Jürgen Ehrlich: „Guten Morgen, Frau Werner, guten Morgen, Frau Corsten. Bitte nehmen Sie doch Platz. Einen Kaffee?"

Journalistin: „Danke, gerne! Bitte nur Milch, keinen Zucker. Sie haben es hier aber sehr schön!"

Kathrin Corsten: „Für mich bitte nur ein Wasser."

Jürgen Ehrlich: „Die neuen Büroräume haben wir seit Ende letzten Jahres. Dabei haben wir einen Teil der **Räume flexibel** gestaltet. Auch statten wir einige Mitarbeiter mit Teil-**Homeoffice-Lösungen** aus."

Journalistin: „An einem Türschild stand ‚Lounge'."

Walter Pape: „Ja, sehr richtig, der Lounge-Bereich für die Mittagspause." (lacht) „Wir sind der Meinung, dass wir von unseren Mitarbeitern nur bei einer **optimalen Ausstattung mit Betriebsmitteln** und einem guten **Betriebsklima** die höchste Leistung verlangen können."

Jürgen Ehrlich: „Und in einem **erwerbswirtschaftlichen Unternehmen** müssen wir alle Höchstleistungen bringen."

Journalistin: „Auch die Chefs."

Walter Pape: „Ja, wir sind auch Vorbild."

Jürgen Ehrlich: „Ja, das war schon immer so bei uns. Sonst wären wir nicht so lange auf dem Markt."

Walter Pape: „Und dabei fing es mit einfachen Papptellern an."

Kathrin Corsten: „Wenn ich auch etwas fragen darf: Wie war denn das am Anfang?"

Walter Pape: „Mein Vater Heinrich Pape legte in den 50er-Jahren mit einem Handel für Karnevalsartikel die Basis. Im Laufe der Jahre wurde der Handel auf andere Brauchtumsfeste ausgedehnt. In den 80er-Jahren hatten wir dann die Idee, unser Angebot auszudehnen und einen Teil der Produkte auch selbst herzustellen."

Journalistin: „Klingt echt spannend. Das war bestimmt eine echte unternehmerische Herausforderung."

Walter Pape: „Ja klar! Das war mit großen **Investitionen** verbunden. Schließlich wandelten wir uns auch vom ‚klassischen' **Großhändler** zu einem **produzierenden Unternehmen**. Aber die **Kundennachfrage** hat uns ermutigt, diesen Weg konsequent zu gehen."

Lernsituation 1.1.1: Das Unternehmen PEPP GmbH kennenlernen

Jürgen Ehrlich: „Und unser Erfolg gibt uns recht. Unsere Zahlen stimmen. Ich habe Ihnen hier einmal die neuesten Unterlagen mit unseren **betriebswirtschaftlichen Kennzahlen** in der Mappe bereitgestellt."

Journalistin: „Ah, vielen Dank. Das sehe ich mir nachher noch in Ruhe an. Aber sagen Sie mal: Wie verlief denn der Übergang von der **Unternehmensgründer**-Generation zu Ihnen, Herr Pape?"

Walter Pape: „Ach, das ging eigentlich reibungslos vonstatten. Nach meiner Ausbildung zum Großhandelskaufmann bei einem anderen Unternehmen habe ich **Betriebswirtschaftslehre** studiert und bin dann in das Controlling des väterlichen Betriebs eingestiegen. Heute heißt das wohl neudeutsch **Business Administration**, haha. Aber ich habe auch im Lager ausgeholfen und weiß, wie unser **Fertigungsverfahren** in der Produktion funktioniert."

Jürgen Ehrlich: „Aber man kann ja nicht alles allein machen. Deshalb hast du mich ja, nachdem du die Geschäftsleitung übernommen hast, mit ins Unternehmen geholt."

Walter Pape: „Mein alter Studienfreund, Frau Werner!"

Journalistin: „Und wie sieht Ihr **Lieferprogramm** heute aus? Wohin geht der **Verkauf**?"

Jürgen Ehrlich: „Heute sind wir breit aufgestellt: Wir produzieren die verschiedensten Artikel aus Papier und Pappe, von Papierfahnen über Bierdeckel bis hin zu lebensgroßen Aufstellern. Das Besondere dabei ist, dass die Artikel wenig Geld kosten, Spaß machen und obendrein auch noch gut aussehen. Sie werden als Spielzeug für die Kleinen genutzt, als **Give-aways** oder **Werbeträger** und zur Dekoration. Da ich aus der **Werbung** komme, können wir unsere Kunden auch konzeptionell beraten. Das ist für beide Seiten ein **Zusatznutzen**, Win-win sozusagen."

Walter Pape: „Unsere Abnehmer sind Privatleute, die kleine Mengen über das Internet oder im **Fabrikverkauf** erstehen, große **Einzelhandelsketten**, die Mengen in Millionenhöhe zum Weiterverkauf abnehmen, und die Gastronomie oder Event-Veranstalter, die Festhallen oder auch ganze Festivals dekorieren wollen."

Journalistin: „Hört, hört. Aber was ist denn, wenn ich etwas Besonderes haben möchte?"

Jürgen Ehrlich: „Gut, dass Sie danach fragen! Exklusive Werbeartikel genau nach Kundenwunsch sind unsere Spezialität. Und bei den lebensgroßen Aufstellern bringen auch die ungewöhnlichsten Formen und Farben die Fachkräfte in der **Produktion** nicht ins Schwitzen."

Journalistin: „Und woher beziehen Sie Ihre **Rohstoffe** und **Handelswaren**?"

Walter Pape: „Auf unser **Beschaffungsmarketing** sind wir besonders stolz. Unsere Rohstoffe liefert hauptsächlich ein niederrheinisches Unternehmen."

Journalistin: „Aber es sind ja **Einwegprodukte**!"

Jürgen Ehrlich: „Ja, richtig. Umso wichtiger ist es für uns, dass wir Eingangsstoffe zu 98 % aus **Recyclingmaterialien** verwenden. Dazu wird das Papier chlorfrei gebleicht und das verwendete Holz wird **nachhaltig** aus einheimischen, schnell nachwachsenden Hölzern gewonnen."

Kathrin Corsten: „Und was planen Sie für die Zukunft?"

Walter Pape: „Zunächst steht bereits die nächste Generation am Start. Mein Sohn Leon ist gerade im letzten Ausbildungsjahr zum Industriekaufmann. Danach wird er Herrn Ehrlich in der Marketingabteilung unterstützen."

Jürgen Ehrlich: „Zusätzlich planen wir den Bau eines neuen **Großlagers**, hier platzt alles aus den Nähten. Wir werden auch unser **Warenwirtschaftssystem** modernisieren, die **Logistik** muss auch stimmen."

Walter Pape: „Das bedeutet, dass wir zu den bisher vorhandenen 52 Mitarbeitern noch einige einstellen werden. Wir sind da stark in der Region vertreten und bilden auch aus."

Jürgen Ehrlich: „Auch, weil wir uns der **sozialen Verantwortung** für die **Wirtschaftsregion** bewusst sind."

Walter Pape: „Schön gesagt."

Journalistin: „Na, wenn das mal kein schönes Schlusswort ist! Vielen Dank, meine Herren. Dann gehe ich an die Arbeit. Ein paar Fotos machen wir gleich noch, okay?"

Walter Pape: „Ja, sehr gerne. Wann wird der Artikel denn erscheinen, Frau Werner?"

Journalistin: „Nichts ist so alt wie die Zeitung von gestern. Also in ca. drei bis vier Tagen werden wir über Ihr Unternehmen berichten. Meine Praktikantin wird mich unterstützen. Ich zeige Ihnen dann, wie das mit der Textverarbeitung funktioniert. Ich habe einige Schulungsunterlagen für Sie vorbereitet."

Kathrin Corsten: „Ja, cool. Und für die Onlineausgabe erstelle ich noch eine PowerPoint-Präsentation. Das Programm haben wir schon am Berufskolleg kennengelernt."

Journalistin: „Ja, und letzte Woche haben wir die neue Version installiert. Da können Sie sich gleich mal schlau machen."

Walter Pape: „Dann lassen Sie uns jetzt ein paar Fotos machen. Ich zeige Ihnen das Unternehmen …"

SITUATIONSANALYSE

1. Versetzen Sie sich in die Lage der Journalistin Gabriela Werner und ihrer Praktikantin Kathrin Corsten. Überlegen Sie sich die nächsten Arbeitsschritte, die zur Erstellung des Zeitungsartikels und der PowerPoint-Präsentation notwendig sind.

2. Vergleichen Sie Ihre Ergebnisse mit denen Ihrer Mitschüler und Ihres Lehrers. Ergänzen Sie ggf. Ihre Notizen.

3. Nun, nachdem Sie sich eine Übersicht gemacht haben, arbeiten Sie die Schritte nacheinander ab.

Arbeitsblatt 1: Situationsanalyse Lernsituation 1.1.1

Welches Ziel soll ich erreichen?	Warum soll ich dieses Ziel erreichen?
Was muss ich tun, um dieses Ziel zu erreichen?	**Welche Informationen bzw. Hilfsmittel benötige ich dazu und wo finde ich diese?**

Arbeitsblatt 2: BWL-Glossar

Begriffe	Erklärung
Räume flexibel	
Homeoffice-Lösungen	
Optimale Ausstattung mit Betriebsmitteln	
Betriebsklima	
Erwerbswirtschaftliches Unternehmen	
Investitionen	
Großhändler	
Produzierendes Unternehmen	
Kundennachfrage	
Betriebswirtschaftliche Kennzahlen	
Unternehmensgründer	
Großhandelskaufmann	
Betriebswirtschaftslehre	
Controlling	
Business Administration	
Fertigungsverfahren	
Lieferprogramm	
Verkauf	

Lernsituation 1.1.1: Das Unternehmen PEPP GmbH kennenlernen

Give-aways	
Werbeträger	
Werbung	
Zusatznutzen	
Fabrikverkauf	
Einzelhandelsketten	
Produktion	
Rohstoffe	
Handelswaren	
Beschaffungsmarketing	
Einwegprodukte	
Recyclingmaterialien	
Nachhaltig	
Großlager	
Warenwirtschaftssystem	
Logistik	
Soziale Verantwortung	
Wirtschaftsregion	

Arbeitsblatt 3: Einstieg in MS Word – der Word-Bildschirm

Ordnen Sie die Fachbegriffe zu.

Statusleiste – Titelleiste mit Schnellzugriff – Menüband (Ribbon) – Register – Lineale – Gruppen

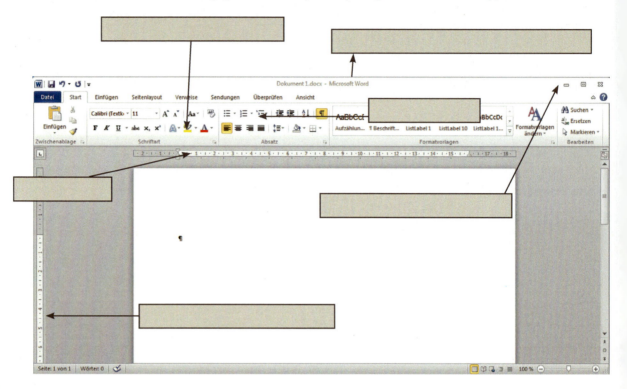

Arbeitsblatt 4: Einstieg in MS Word – der Word-Bildschirm

Die Bedeutung der Symbole erscheint auf dem Bildschirm, wenn der Mauszeiger auf das gewünschte Symbol geführt wird.

Symbol	Bezeichnung	Symbol	Bezeichnung
💾		📂	
A		🖨	
✂		📋	
📋		ABC ✓	
↶		↷	
🖌		▦	
≡		A	
↕≡		¶	
#		ab/ac	

Arbeitsblatt 5: Einstieg in MS Word – Register Start

Ordnen Sie die Gruppen mit Pfeilen richtig zu und vervollständigen Sie die Aussagen zu Zeichen- und Absatzformaten.

Formatvorlage	Schriftart/ -größe	Schriftfarbe	Absatzformate	Rahmenlinien	Nummerierung/ Aufzählung

Schriftart und Schriftgröße

Aus Listenfeldern können verschiedene Schriftarten und Schriftgrößen (Schriftgrade) ausgewählt werden.

Zeichenformate

Texte können hervorgehoben werden durch:

Zum nachträglichen Hervorheben müssen die Textteile markiert werden, dann mit dem Mauszeiger den gewünschten Buchstaben in der Symbolleiste *Format* anklicken.

Absatzformate

Über diese Symbole können dem Text folgende Absatzformate zugeordnet werden:

Weitere Absatzformate sind hinterlegt. Klicken Sie auf das rechte kleine Kreuzchen in der Gruppe *Absatz*.

Arbeitsblatt 6: Strukturierung des Zeitungsartikels

... im Artikel aufzuführen	... in der Reihenfolge

Unternehmensstrategien und Management

... im Artikel aufzuführen	... in der Reihenfolge

\\\ Aufgaben

1. Sehen Sie im Internet die im Interview fettgedruckten Begriffe nach oder überlegen Sie sich eine Ihrer Meinung nach sinnvolle Bedeutung. Verwenden Sie dazu das Arbeitsblatt 2 „BWL-Glossar".

2. Finden Sie sich in Kleingruppen zusammen und tauschen Sie Ihre Ergebnisse aus. Klären Sie abschließend fehlende Begriffe im Plenum.

3. Bearbeiten Sie mit der Praktikantin Kathrin Corsten das Arbeitsblatt „Einstieg in MS Word" von Frau Werner.

4. Verfassen Sie für Kathrin einen sachgerechten Zeitungsartikel über die PEPP GmbH. Verwenden Sie vorab das Arbeitsblatt 6 „Strukturierung des Zeitungsartikels".

5. Überlegen Sie, wie der Artikel durch Formatierungen interessanter gestaltet werden kann.

Autor bitte Manuskript prüfen

Lernsituation 1.1.2

DAS IST GESCHEHEN

Frau Werner: „Das haben Sie ja prima hinbekommen, Frau Corsten. Ich sende der PEPP GmbH gleich einmal den Vorabdruck des Artikels."

Frau Corsten: „Die werden sich sicherlich freuen."

Frau Werner: „Ja, bestimmt. Und ich freue mich, wenn Sie noch die Präsentation für unsere Onlineausgabe erstellen."

Frau Corsten: „Ja klar, ich gehe sofort an die Arbeit. Bei Ihnen ist das Praktikum total vielfältig und ich kann vieles aus dem DV-Unterricht der Schule anwenden."

Frau Werner (lacht): „Jetzt bin ich aber mal gespannt. Hier ist die Kurzinfo zu PowerPoint, die ich Ihnen noch versprochen habe. Denken Sie bitte auch daran, dass die richtige Struktur das A und O einer guten Präsentation ist. Und noch etwas: Richten Sie sich darauf ein, dass Sie evtl. selbst den Vortrag halten."

SITUATIONSANALYSE

1. Überlegen Sie sich zunächst, welches Ziel sich aus der Ausgangssituation ergibt. Beschreiben Sie dann die Schritte, die Sie unternehmen müssen, um das Ziel zu erreichen. Listen Sie auch die hierfür benötigten Informationen und Hilfsmittel auf und wo Sie diese finden. Nutzen Sie hierzu das Arbeitsblatt 1 „Situationsanalyse".

2. Vergleichen Sie Ihre Situationsanalyse mit den Analysen Ihrer Mitschüler und Ihres Lehrers. Ergänzen Sie Ihre Analyse, falls nötig.

3. Führen Sie nun die Schritte aus der Situationsanalyse durch, damit Sie Ihr Ziel erreichen.

Lernsituation 1.1.2

Arbeitsblatt 1: Situationsanalyse Lernsituation 1.1.2

Welches Ziel soll ich erreichen?	Warum soll ich dieses Ziel erreichen?
Was muss ich tun, um das Ziel zu erreichen?	**Welche Informationen bzw. Hilfsmittel benötige ich dazu und wo finde ich diese?**

Unternehmensstrategien und Management

INFO 1: POWERPOINT

Möglichkeiten der Erstellung einer Präsentation

Merke: Eine Präsentation hat mehrere Folien. Speichern Sie nicht jede Folie einzeln ab!

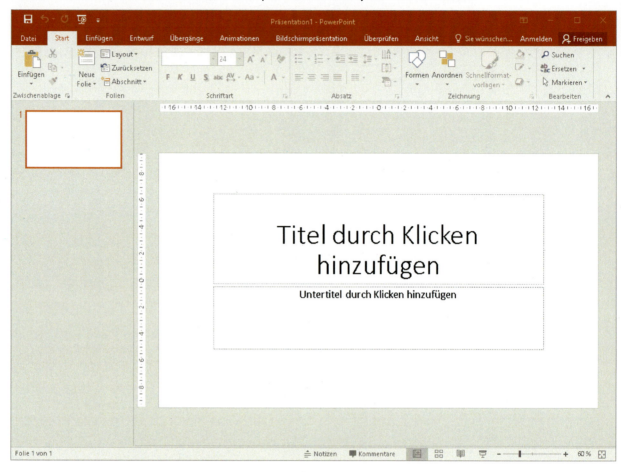

Erstellen Sie eine neue Folie entweder über das Register *Start* oder über das Register *Menü* → *Datei* → *Neu*:

Daraus folgen unterschiedliche Vorgehensweisen der Präsentationserstellung.

	Vorgehensweise	Vorteile	Nachteile
Datei → Neu → Verfügbare Vorlagen und Designs	▪ Argumentationsunterstützung mit vorgegebenen Layouts ▪ weitere Vorlagen über Rubrik office.com: Download aus dem Internet	Denkvorgänge entfallen.	▪ Layouts müssen nachträglich abgeändert werden. ▪ Inhalte sind nicht immer passend.
Layout → Gruppe Design	▪ zuerst Layout auswählen ▪ dann Präsentationsinhalt erstellen	Es wird schön bunt.	▪ Das Layout ist oft ungeeignet. ▪ Der Inhalt tritt in den Hintergrund.
Freie Präsentation	▪ zuerst freie Präsentation erstellen ▪ anschließend Design und Hintergrund zuweisen	Der Inhalt wird wichtig.	kein Nachteil

Folien erstellen

Verwenden Sie bei der Erstellung der Folien Ihre vorgefertigte Gliederung. Beginnen Sie jede Präsentation mit der Titelfolie. Wählen Sie dann geeignete Folientypen für Ihren Zweck aus.

PowerPoint unterscheidet für jede einzelne Folie Layouttypen, die Sie beim Aufruf sehen:

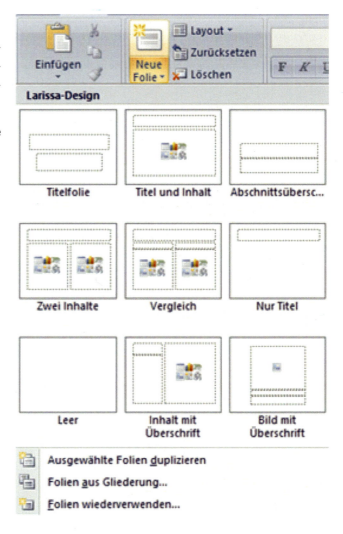

Klicken Sie in die Textschablonen und geben Sie Ihren Text ein.

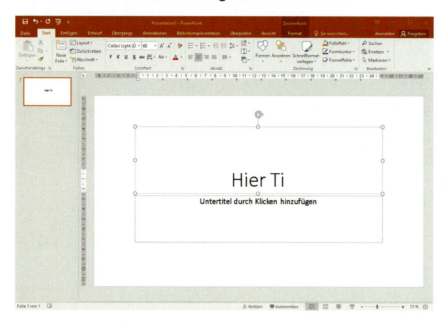

Fügen Sie weitere Folien ein: *Start → Gruppe Folien → Neue Folien*.

Die Folien-Ansichten

Unten rechts auf dem Bildschirm befinden sich u. a. folgende Klickflächen:

Von links nach rechts können Präsentationsansichten gewählt werden:

Normalansicht	zur Erstellung der Folien
Foliensortierung	Alle Folien werden im Kleinformat angezeigt. Durch Ziehen mit der Maus kann die Reihenfolge verändert werden.
Leseansicht	Die aktuelle Folie wird als Präsentation angezeigt.
Bildschirmpräsentation	Ablauf der Präsentation, Folienwechsel durch Enter-Taste bzw. Mausklick, Abbruch durch Esc-Taste

Weitere Ansichten werden hier aktiviert:

Probieren Sie alle **vier Präsentationsansichten** für Ihre bisherige Präsentation einmal aus und überlegen Sie, wofür Sie die Ansichten verwenden können.

Nachträgliches Zuweisen eines Layouts

Durch das nachträgliche Zuweisen eines Layouts übernimmt PowerPoint dieses Layout für alle Folien.

Sie können die Hintergrunddarstellung einer Folie weiter Ihren Bedürfnissen anpassen:

Anpassung der ...	
... Größe von Textschablonen (Stichwort: schwarze Schrift auf schwarzem Hintergrund)	... Schriftformate
durch Ziehen mit der Maus	durch Klick in das Textfeld und Formatierung des Textes

Animationen: Schrifteinblendungen in einer Folie festlegen

Für Textfelder in Folien

Für Textfelder individuell

Unternehmensstrategien und Management

Folienübergänge erstellen

Autor bitte Manuskript prüfen

Ansicht  oder

Individuelle Animation

In der Gruppe *Anzeigedauer* können Sie generelle Einstellungen für die Folienübergänge einstellen.

Vorsicht: Vordefinierte Zeitangaben schränken Ihren Vortrag ein.

Arbeitsblatt 2: Präsentationsstruktur Unternehmenspräsentation PEPP GmbH

Folientitel	Folieninhalt

Arbeitsblatt 3: Bewertung der Präsentationen

Gruppe: _____

Thema: _____

Inhalt

	1	2	3	4	5	6	
„roter Faden" vorhanden							Exkurse, die nicht nachzuvollziehen sind
alle wichtigen Informationen							zu viele unwichtige Details
Vortrag ist informativ.							Vortrag ist oberflächlich.
Quellen werden angegeben (z. B. auf einem Handout).							Quellen werden nicht genannt.
Gliederung/Struktur ist deutlich.							keine Gliederung erkennbar
guter Anfang/Einstieg (z. B. Themenüberblick/Beweggründe für Themenwahl/...)							Anfang nicht originell/ungeschickt/abschreckend
Gliederung in einzelne Sinnabschnitte							keine Unterteilung in Themenabschnitte
Übergänge nachvollziehbar/Zusammenhänge klar							Brüche zwischen den Unterthemen/Zusammenhänge unklar
guter/origineller Schluss: Fazit/Schlussbemerkung/„Bogen ziehen"							Kein deutlicher Schluss, Vortrag hört einfach irgendwann auf.
Der Vortragende ist gut vorbereitet/kann Fragen beantworten.							Der Vortragende wirkt schlecht vorbereitet/kann keine Fragen beantworten.

Formale Gestaltung

Art der Präsentation:

☐ PowerPoint

☐ Folie

☐ Handout

☐ Poster

☐ _____

	1	2	3	4	5	6	
klar/übersichtlich							chaotisch/unübersichtlich
Stichworte, gut lesbar							zu viel Text, zu kleine Schrift
Bilder/Grafiken							keine Bilder/Grafiken
Farben gut gewählt (Gründe?)							Farben passen nicht. (Gründe?)
Rechtschreibung/Grammatik korrekt							viele Fehler

Unternehmensstrategien und Management

Qualität des Vortrags

	1	2	3	4	5	6	
verständlich/klar/deutlich							Sprecher nuschelt, spricht nicht zum Publikum.
Tempo okay							zu schnell/zu langsam
freier Vortrag							abgelesen
Gestik/Mimik							keine Gestik/Mimik
Wichtiges wird stimmlich betont.							monoton vorgetragen
Abwechslungsreiche Wortwahl, Fremd-/Fachwörter werden ggf. erklärt.							geringes Vokabular, Fachwörter nicht erklärt
Satzbau gut, abwechslungsreich							zu lange, verschachtelte Sätze oder ganz kurze, abgehackte Sätze
Sprecher wirkt sicher/souverän.							Sprecher wirkt unsicher/unruhig.

Aufgaben

1. Machen Sie sich mit Kathrin Corsten mit MS PowerPoint vertraut und arbeiten Sie die Info 1 „PowerPoint" durch.

2. Strukturieren Sie die Präsentation. Verwenden Sie hierzu das Arbeitsblatt 2 „Präsentationsstruktur Unternehmenspräsentation PEPP GmbH".

3. Bereiten Sie sich darauf vor, Ihre Präsentation im Klassenforum zu halten. Sind Sie Betrachter einer anderen Präsentation? Dann notieren Sie Ihre Fragen, die sich aus der Präsentation noch ergeben.

Autor bitte Manuskript prüfen

Kompetenzcheck – Das Unternehmen PEPP GmbH kennenlernen

Ich kann …	Ja sicher!	Geht so!	Muss ich noch üben!	Wie gehe ich vor, um mich zu verbessern?

Anforderungssituation 1.2: Die Organisation der PEPP GmbH

Lernsituation 1.2.1: Das Organigramm der PEPP GmbH

DAS IST GESCHEHEN

Seit einigen Wochen sind Sie Auszubildende/-r der PEPP GmbH. Frau Özer, Ihre Ausbildungsleiterin, ist mit Ihnen bisher sehr zufrieden. Deshalb kommt sie heute mit einer neuen Bitte auf Sie zu.

„Gestern habe ich unser Unternehmen an der städtischen Gesamtschule vorgestellt, damit die Schüler wissen, dass sie nach ihrem Schulabschluss eine Ausbildung bei uns absolvieren können. Dazu habe ich Ihre PowerPoint-Präsentation genutzt und noch ein Organigramm unseres Unternehmens eingefügt. Das Organigramm zeigt, aus welchen Abteilungen, z. B. Einkauf, Produktion und Verkauf, unser Unternehmen besteht. Allerdings haben die Schüler den Aufbau unseres Organigramms nicht so richtig verstanden und viele Fragen gestellt, z. B.:

- Warum benötigt ein Unternehmen überhaupt ein Organigramm?
- Was ist eine Stelle und eine Abteilung?
- Warum sind die einzelnen Rechtecke mit Strichen verbunden?
- Warum gibt es rechteckige und ovale Formen? Die ‚Assistentin der Geschäftsleitung' steht z. B. in einer ovalen Form.

Bei der nächsten Unternehmensvorstellung an einer Schule würde ich Sie gerne mitnehmen, damit Sie unser Unternehmen vorstellen können. Wahrscheinlich werden die Schüler dann wieder einige Fragen zum Organigramm stellen. Ich bitte Sie deshalb, sich über unser Organigramm zu informieren und die Fragen, welche die Schüler gestern gestellt haben, zu beantworten.

Wenn Sie sich gut auf mögliche Fragen vorbereiten, kann nichts schiefgehen! Proben Sie die Präsentation über das Organigramm deshalb bitte einmal zusammen mit einem anderen Auszubildenden. In Ihrer Präsentation sollten Sie die Fragen schon so gut es geht beantworten. Zur Hilfe habe ich Ihnen unser Organigramm und einen Informationstext über Organigramme (Info 1) ausgedruckt sowie eine Vorlage (Arbeitsblatt 2) erstellt, auf der Sie die Fragen beantworten können."

SITUATIONSANALYSE

1. Überlegen Sie sich zunächst, welches Ziel sich aus der Ausgangssituation ergibt. Beschreiben Sie dann die Schritte, die Sie unternehmen müssen, um das Ziel zu erreichen. Listen Sie auch die hierfür benötigten Informationen und Hilfsmittel auf und wo Sie diese finden. Nutzen Sie hierzu das Arbeitsblatt 1 „Situationsanalyse".

2. Vergleichen Sie Ihre Situationsanalyse mit den Analysen Ihrer Mitschüler und Ihres Lehrers. Ergänzen Sie Ihre Analyse, falls nötig.

3. Führen Sie nun die Schritte aus der Situationsanalyse durch, damit Sie Ihr Ziel erreichen.

Unternehmensstrategien und Management

Arbeitsblatt 1: Situationsanalyse Lernsituation 1.2.1

Welches Ziel soll ich erreichen?	Warum soll ich dieses Ziel erreichen?
Was muss ich tun, um das Ziel zu erreichen?	**Welche Informationen bzw. Hilfsmittel benötige ich dazu und wo finde ich diese?**

Organigramm der PEPP GmbH

Lernsituation 1.2.1: Das Organigramm der PEPP GmbH

PEPP GmbH
Pape Ehrlich Papier-Produkte GmbH
Viersen

- **Geschäftsleitung**: Walter Pape, Jürgen Ehrlich
  - **Assistentin der Geschäftsleitung**: Svenja Johansson
  - **Vorsitzender des Betriebsrats**: Rainer Zabel

Technische Leitung: Jens Porstmann
- **Forschung und Produktentwicklung**: Erwin Tram
- **Arbeitsvorbereitung**: Peter Unmut
- **Leiter Fertigung**: Fatih Erol
  - Fertigung I Werkstättenfertigung (12 Mitarbeiter)
  - Fertigung II Serienfertigung (8 Mitarbeiter)
- **Qualitätskontrolle**: Nils Bröker

Kaufmännische Leitung: Iris Walter

- **Leiter Rechnungswesen und Personal**: Susanne Schmitz
  - Leiter Buchhaltung: Martin Winter
  - Kostenrechnung/Controlling: Lisa Grünfels
  - Personalverwaltung und -entlohnung: Heinz Schummer
  - Aus- und Fortbildung: Selma Özer

- **Leiter Einkauf**: Ingo Hufschmied (3 Sachbearbeiter)
  - Beschaffungslager Verwaltung: Luca Dede (2 Mitarbeiter)

- **Leiter Verkauf**: Ludger Vollkorn (6 Verkaufsberater)
  - Marketing: Moritz Wagner
  - Versandlogistik: Bastian Verden (4 Mitarbeiter)
  - Fabrikverkauf: Helga Münster

Auszubildende:
Max Junker (Kaufmann für Büromanagement)
Isabella Rossi (Industriekauffrau)
(drei weitere gewerbliche Auszubildende)

Unternehmensstrategien und Management

INFO 1: ORGANIGRAMM

Ein Organigramm zeigt, kurz gesagt, welche Aufgaben in einem Unternehmen bearbeitet werden müssen, damit die Produkte verkauft werden können.

Die PEPP GmbH stellt, wie Sie bereits wissen, Fest- und Werbeartikel aus Papier her. Das ist unsere **Gesamtaufgabe**. Damit es hierbei keine Probleme gibt, müssen viele **Teilaufgaben** erledigt werden. Es müssen z. B. Bestellungen geschrieben, eingehende Lieferungen geprüft und einsortiert, die Maschinen bedient, die Produkte verpackt und versendet, Rechnungen erstellt oder unsere Mitarbeiter bezahlt werden. Natürlich sind das nur wenige Teilaufgaben, es gibt noch viel mehr!

> Die Aufteilung unserer Gesamtaufgabe (Produktion von Fest- und Werbeartikel) in alle dazu benötigten Teilaufgaben wird übrigens **Aufgabenanalyse** genannt.

Jetzt wäre es natürlich nicht sinnvoll, wenn jeder Mitarbeiter ganz unterschiedliche Aufgaben erledigt, z. B. erst zwei Stunden die Maschine bedient, dann für zwei Stunden im Büro die Rechnungen erstellt und den restlichen Tag Bestellungen schreibt. Das würde viel zu lange dauern. Deshalb macht es Sinn, dass ähnliche Teilaufgaben, z. B. Rechnungen erstellen, versenden und den Zahlungseingang überwachen, von einem bestimmten Mitarbeiter erledigt werden.

> Dieser Vorgang wird als **Aufgabensynthese** bezeichnet. Hier werden unterschiedliche Teilaufgaben zu sinnvollen Aufgabenkomplexen zusammengefasst. Ein Aufgabenkomplex, für den ein oder mehrere Mitarbeiter zuständig sind, wird **Stelle** genannt (z. B. Leiter Verkauf, Verkaufsberater).

Manche Mitarbeiter in unserem Unternehmen haben mehr Verantwortung als andere Mitarbeiter. Sie nehmen eine **leitende Stelle** ein. Das heißt, dass sie anderen Mitarbeitern Anweisungen geben dürfen. Die anderen Mitarbeiter nehmen daher eine **ausführende Stelle** ein. Außerdem gibt es noch Mitarbeiter, welche die leitenden Stellen nur beraten und selbst keine Anweisungen erteilen dürfen. Diese Mitarbeiter nehmen eine sogenannte **Stabstelle** ein. Diese Stellen haben eine ovale Form im Organigramm.

Einige Mitarbeiter in unserem Unternehmen führen die gleichen Aufgaben aus, sie nehmen also die gleichen Stellen ein. So gibt es bei der PEPP GmbH etwa sechs Verkaufsberater, welche die gleichen Tätigkeiten ausführen (z. B. Kunden beraten, Artikel verkaufen, Reklamationen annehmen). Diese Mitarbeiter arbeiten alle in der Abteilung Verkauf.

> In einer **Abteilung** werden Stellen zusammengefasst, die ähnliche Aufgaben erfüllen.

In unserem Organigramm sind alle Abteilungen in übersichtlicher Form dargestellt. Das Organigramm zeigt also, welche unterschiedlichen Aufgabenkomplexe in unserem Unternehmen bearbeitet werden müssen, damit wir unsere Fest- und Werbeartikel herstellen können. Die Linien von oben nach unten zeigen dabei, wer Anweisungen geben darf und wer sie erhält. Unser Organigramm ist **funktionsorientiert** aufgebaut.

> In einem **funktionsorientierten Organigramm** werden verschiedene Aufgaben zu Stellen zusammengefasst. Stellen mit ähnlichen Aufgaben werden wiederum zu Abteilungen gebündelt. Das funktionsorientierte Organigramm kann daher auch als aufgabenorientiertes Organigramm bezeichnet werden.

Arbeitsblatt 2: Organigramm

Warum benötigt ein Unternehmen überhaupt ein Organigramm?

_____

_____

_____

Lernsituation 1.2.1: Das Organigramm der PEPP GmbH

Was ist eine Aufgabenanalyse und was eine Aufgabensynthese?

Aufgabenanalyse: Aufgabensynthese:

_____   _____

_____   _____

_____   _____

_____   _____

Was wird unter einer Stelle und einer Abteilung verstanden?

Stelle: Abteilung:

_____   _____

_____   _____

_____   _____

_____   _____

Warum sind die einzelnen Rechtecke mit Strichen verbunden?

_____

_____

_____

Warum gibt es rechteckige und ovale Formen?

_____

_____

_____

Aufgaben

1. Beantworten Sie die Fragen der Schüler der städtischen Gesamtschule, indem Sie das Arbeitsblatt 2 „Organigramm" ausfüllen. Nutzen Sie zur Hilfe die Info 1 „Organigramm" sowie das Organigramm der PEPP GmbH.

2. Proben Sie die Präsentation des Organigramms der PEPP GmbH vor einem Ihrer Mitschüler. Achten Sie darauf, dass Sie innerhalb Ihrer Präsentation die Fragen der Schüler der städtischen Gesamtschule beantworten.

Lernsituation 1.2.2: Spartenorganisation

DAS IST GESCHEHEN

Als Sie am Morgen nach der Unternehmensvorstellung am städtischen Berufskolleg Ihre E-Mails abrufen, lesen Sie die folgende Nachricht von Frau Johansson, der Assistentin der Geschäftsleitung:

Von:	johansson@pepp-gmbh.de
An:	azubi@pepp-gmbh.de
Anhänge:	Skizze_Spartenorganisation.jpg
Betreff:	Alternatives Organigramm für die PEPP GmbH

Liebe/-r Auszubildende/-r,

bereits gestern direkt nach Ihrer Unternehmenspräsentation am städtischen Berufskolleg hat mir Frau Özer berichtet, dass Sie den Schülern die Funktionsweise unseres Organigramms echt gut erklärt haben. Dabei muss ich selbst zugeben, dass unser Organigramm wirklich nicht gerade einfach zu verstehen ist, weil es so viele verschiedene Abteilungen umfasst.

Aus diesem Grund werde ich der Geschäftsleitung vorschlagen, die Organisation unseres Unternehmens zu ändern. Das Organigramm soll dabei vor allem übersichtlicher werden. Anstatt die Abteilungen nach den dort ausgeübten Tätigkeiten zu bilden (z. B. Einkauf, Produktion, Verkauf), schlage ich vor, sie nach unseren Produktgruppen (Fest- und Dekoartikel, Geschirr und Zubehör, Sonderartikel) aufzubauen. Das nennt sich dann Spartenorganisation. Jede Produktgruppe stellt dabei eine Sparte dar. Die einzelnen Sparten sind dann jeweils selbst für alle anfallenden Tätigkeiten verantwortlich. So gibt es für jede Produktgruppe bspw. eine eigene Einkaufs-, Produktions- und Verkaufsabteilung. Ich habe meine Idee bereits handschriftlich festgehalten. Die Skizze befindet sich im Anhang dieser E-Mail. Allerdings kann ich der Geschäftsführung keine Skizze präsentieren. Deshalb bitte ich Sie, aus der Skizze eine PowerPoint-Folie zu erstellen. Falls es Probleme mit der Erstellung gibt, lesen Sie sich bitte die Anleitung zur Erstellung von Organigrammen (Schulung 1) durch.

Wenn Sie das Organigramm fertig haben, schicken Sie es mir bitte per E-Mail zu.

Ich danke Ihnen im Voraus!

Mit freundlichen Grüßen

Svenja Johansson

SITUATIONSANALYSE

1. Überlegen Sie sich zunächst, welches Ziel sich aus der Ausgangssituation ergibt. Beschreiben Sie dann die Schritte, die Sie unternehmen müssen, um das Ziel zu erreichen. Listen Sie auch die hierfür benötigten Informationen und Hilfsmittel auf und wo Sie diese finden. Nutzen Sie hierzu die Situationsanalyse.

2. Vergleichen Sie Ihre Situationsanalyse mit den Analysen Ihrer Mitschüler und Ihres Lehrers. Ergänzen Sie Ihre Analyse, falls nötig.

3. Führen Sie nun die Schritte aus der Situationsanalyse durch, damit Sie Ihr Ziel erreichen.

Lernsituation 1.2.2: Spartenorganisation

Arbeitsblatt 1: Situationsanalyse Lernsituation 1.2.2

Welches Ziel soll ich erreichen?	Warum soll ich dieses Ziel erreichen?
Was muss ich tun, um das Ziel zu erreichen?	**Welche Informationen bzw. Hilfsmittel benötige ich dazu und wo finde ich diese?**

INFO 1: ANLAGE E-MAIL

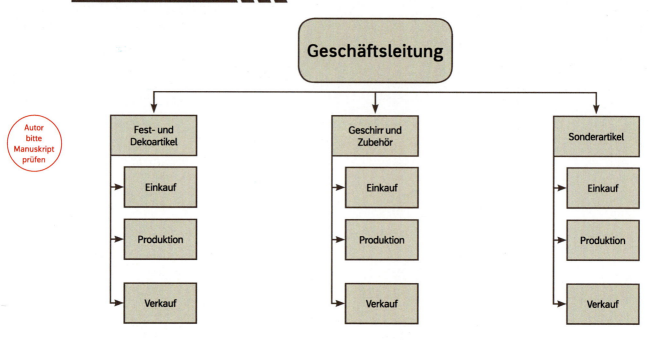

Schulung 1: Ein Organigramm mit PowerPoint erstellen

Schritt 1: Klicken Sie im Register *EINFÜGEN* auf das Feld *SmartArt*.

Schritt 2: Wählen Sie aus der Rubrik *Hierarchie* das einfache *Organigramm* aus und klicken Sie auf *OK*.

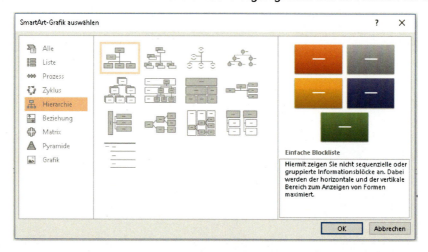

Schritt 3: Entfernen Sie die Stabsstelle. Wählen Sie hierzu den Rahmen des Rechtecks aus und drücken Sie dann auf die Entfernen-Taste *(Entf)*.

Schritt 4: Geben Sie den Text in die Rechtecke ein. Nutzen Sie hierzu das Fenster zur Texteingabe. Dieses Fenster erscheint, wenn Sie auf den kleinen Pfeil am linken Rand der SmartArt klicken.

Schritt 5: Legen Sie jetzt die weiteren Abteilungen an. Setzen Sie den Mauszeiger hierzu direkt hinter *Dekoartikel* und drücken Sie dann die Enter-Taste. Es erscheint ein neues Rechteck neben dem bisherigen. Um es darunter zu verschieben, führen Sie in dem leeren Aufzählungspunkt einen Rechtsklick aus und wählen *Tiefer stufen* aus.

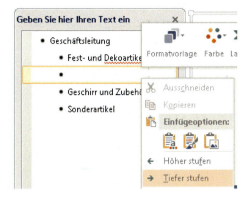

Schritt 6: Geben Sie nun die Abteilungen ein. Für jede neue Abteilung drücken Sie die Enter-Taste.

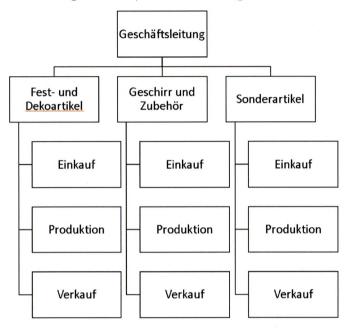

Schritt 7: Jetzt können Sie das Organigramm noch nach eigenen Wünschen formatieren, z. B. die Farbe ändern. Klicken Sie hierzu das Organigramm an. Es erscheint das Register *SMARTART-TOOLS*. Wählen Sie hier im Register *ENTWURF* auf der Schaltfläche *Farben ändern* eine Farbvorlage aus.

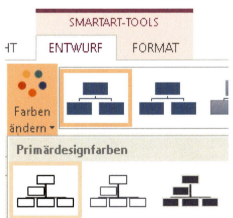

\\\\ Aufgabe

Erstellen Sie eine Spartenorganisation für die PEPP GmbH in PowerPoint. Beachten Sie hierzu die Skizze von Frau Johansson und nehmen Sie bei Bedarf die Schulung 1 „Ein Organigramm mit PowerPoint erstellen" zu Hilfe.

Kompetenzcheck – Eine Betriebsorganisation für die PEPP GmbH entwickeln und dokumentieren

Ich kann ...	Ja sicher!	Geht so!	Muss ich noch üben!	Wie gehe ich vor, um mich zu verbessern?
das Organigramm eines Unternehmens unter Anwendung der Fachbegriffe beschreiben.				
die Funktion eines Organigramms für ein Unternehmen erläutern. (Warum ist ein Organigramm für ein Unternehmen sinnvoll?)				
die folgenden Begriffe beschreiben: ■ funktionsorientiertes Organigramm ■ spartenorientiertes Organigramm (Spartenorganisation) ■ Aufgabenanalyse ■ Aufgabensynthese ■ Stelle ■ Abteilung ■ leitende Stelle ■ ausführende Stelle ■ Stabstelle				
mithilfe von PowerPoint Organigramme erstellen.				

Anforderungssituation 1.3: Analyse und Gestaltung von Geschäftsprozessen – der Versandprozess in der PEPP GmbH

Lernsituation 1.3.1: Einfache Prozessdokumentation

DAS IST GESCHEHEN

Nachdem Sie sich zuletzt mit der Organisation der PEPP GmbH beschäftigt und Frau Özer bei der Unternehmenspräsentation am städtischen Berufskolleg unterstützt haben, werden Sie für die nächsten Wochen nun in der Abteilung Versandlogistik eingesetzt. Nachdem Herr Verden, der Leiter dieser Abteilung, Sie mit allen Mitarbeitern bekannt gemacht und Ihnen die Lagerhalle gezeigt hat, bespricht er mit Ihnen nun auch schon Ihre erste Aufgabe:

„Der Schützenverein Neuss 1877 e. V. hat für sein Oktoberfest einige Artikel bei uns bestellt. Die Bestellung haben wir aus der Verkaufsabteilung erhalten. Wir sind jetzt dafür zuständig, die Artikel zu verschicken. Überlegen Sie sich, bevor Sie an die Arbeit gehen, bitte zunächst, welche Schritte Sie erledigen müssen, damit die Artikel an den Kunden verschickt werden können, und notieren sich die Arbeitsschritte in einer Mindmap (Arbeitsblatt 2). Vergleichen Sie die Arbeitsschritte dann bitte mit unserer Prozessbeschreibung ‚Warenversand' (Info). Die Prozessbeschreibung wurde schon vor einigen Jahren erstellt. Falls hier etwas fehlen sollte, ergänzen Sie die Prozessbeschreibung bitte. Fassen Sie den Prozess schließlich in übersichtlicher Form zusammen, damit Sie später keinen Schritt vergessen (Arbeitsblatt 3). Erst dann gehen Sie an die Arbeit und bearbeiten die Bestellung des Schützenvereins!"

SITUATIONSANALYSE

1. Überlegen Sie sich zunächst, welches Ziel sich aus der Ausgangssituation ergibt. Beschreiben Sie dann die Schritte, die Sie unternehmen müssen, um das Ziel zu erreichen. Listen Sie auch die hierfür benötigten Informationen und Hilfsmittel auf und wo Sie diese finden. Nutzen Sie hierzu das Arbeitsblatt 1 „Situationsanalyse".

2. Vergleichen Sie Ihre Situationsanalyse mit den Analysen Ihrer Mitschüler und Ihres Lehrers. Ergänzen Sie Ihre Analyse, falls nötig.

3. Führen Sie nun die Schritte aus der Situationsanalyse durch, damit Sie Ihr Ziel erreichen.

Arbeitsblatt 1: Situationsanalyse Lernsituation 1.3.1

Welches Ziel soll ich erreichen?	Warum soll ich dieses Ziel erreichen?
Was muss ich tun, um das Ziel zu erreichen?	Welche Informationen bzw. Hilfsmittel benötige ich dazu und wo finde ich diese?

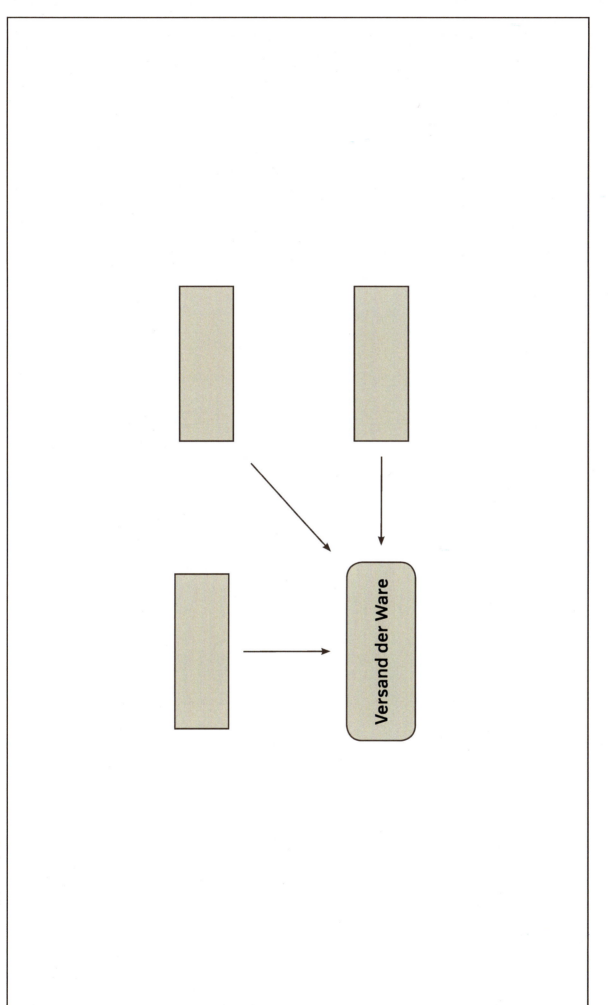

INFO 1: PROZESSBESCHREIBUNG WARENVERSAND

Der Prozess Warenversand beginnt damit, dass die Abteilung Verkauf uns, der Abteilung Versandlogistik, eine Kundenbestellung in Papierform per Hauspost zuschickt. Zuerst holen wir nun die Artikel, welche auf der Bestellung stehen, in der richtigen Stückzahl aus dem Lager. Das wird Kommissionieren genannt.

Nachdem wir alle Artikel eingesammelt haben, müssen sie zusammen in einen passenden Karton verpackt werden.

Außerdem erstellen wir am PC einen Lieferschein und legen ihn in den Karton. Auf diesem sind unter anderem alle Artikel und Mengen aufgelistet, die der Kunde bestellt hat.

Jetzt kleben wir ein Adressetikett, welches wir ebenfalls mit dem PC erstellen, auf das Paket.

Danach wiegen wir das Paket, um anschließend die richtige Portomarke aufzukleben.

Zum Schluss legen wir das Paket in den abgegrenzten Bereich „Warenausgang". Von hier werden die fertigen Pakete einmal am Tag von der Abteilung Spedition an unsere Kunden ausgeliefert.

Arbeitsblatt 3: Einfache Prozessdokumentation

	Was muss passiert sein, damit ich die folgende Handlung ausführe (Ereignis)?	Welche Handlung folgt aus dem Ereignis?
1		
2		
3		
4		
5		
6		
7		
8		

Lernsituation 1.3.2: Ereignisgesteuerte Prozesskette

Aufgaben

1. Überlegen Sie im Rahmen eines Brainstormings, welche Arbeitsschritte im Lager erledigt werden müssen, damit die Bestellung des Schützenvereins versendet werden kann. Notieren Sie die Arbeitsschritte in der Mindmap auf dem Arbeitsblatt 2.

2. Vergleichen Sie die Arbeitsschritte aus Ihrem Brainstorming mit der Prozessbeschreibung Warenversand (Info 1). Ergänzen Sie Ihre Mindmap, falls Sie etwas vergessen haben. Wenn die Prozessbeschreibung Warenversand Ihrer Meinung nach unvollständig ist, verbessern Sie diese ebenfalls.

3. Fassen Sie den Prozess Warenversand übersichtlich in der Tabelle auf dem Arbeitsblatt 3 zusammen.

Lernsituation 1.3.2: Ereignisgesteuerte Prozesskette

DAS IST GESCHEHEN

Als Sie Herrn Verden Ihre Zusammenfassung des Prozesses zeigen, ist er sehr zufrieden. Er erzählt Ihnen, warum es so wichtig ist, den Versandprozess so übersichtlich zu dokumentieren:

„Das haben Sie wirklich gut gemacht. Sie glauben ja gar nicht, wie wichtig es ist, den Versandprozess verständlich und übersichtlich darzustellen.

In letzter Zeit haben wir einige neue Mitarbeiter im Lager eingestellt. Leider wurden oft einige wichtige Schritte innerhalb des Warenversands vergessen. Beispielsweise fehlte oft das Adressetikett oder das Porto wurde nicht berechnet und aufgeklebt. Das führt natürlich dazu, dass die Kunden ihre Pakete erst später erhalten.

Deshalb würde ich mich freuen, wenn Sie unseren neuen Lagermitarbeitern den kompletten Versandprozess in einer Schulung einmal ausführlich und in übersichtlicher Form erklären. Dazu haben Sie den Prozess ja schon in einer Tabelle zusammengefasst. Ich bitte Sie, diese Zusammenfassung für die Schulung zusätzlich mit PowerPoint in eine sogenannte Ereignisgesteuerte Prozesskette zu übertragen. Hiermit kann der Prozess noch übersichtlicher dargestellt werden. Vielleicht informieren Sie sich zuerst einmal über die Ereignisgesteuerte Prozesskette. Zur Hilfe schicke ich Ihnen ein Informationsblatt (Info 1) und eine Anleitung für die Erstellung in PowerPoint (Schulung 1) zu. Üben Sie die Präsentation vor der Schulung bitte mit einem anderen Auszubildenden.

Ich freue mich auf Ihr Ergebnis. Viel Erfolg!"

SITUATIONSANALYSE

1. Überlegen Sie sich zunächst, welches Ziel sich aus der Ausgangssituation ergibt und warum Sie dieses Ziel erreichen sollen. Beschreiben Sie dann die Schritte, die Sie unternehmen müssen, um das Ziel zu erreichen. Listen Sie auch die hierfür benötigten Informationen und Hilfsmittel auf und wo Sie diese finden. Nutzen Sie hierzu das Arbeitsblatt 1 „Situationsanalyse".

2. Vergleichen Sie Ihre Situationsanalyse mit den Analysen Ihrer Mitschüler und Ihres Lehrers. Ergänzen Sie Ihre Analyse, falls nötig.

3. Führen Sie nun die Schritte aus der Situationsanalyse durch, damit Sie Ihr Ziel erreichen.

Arbeitsblatt 1: Situationsanalyse Lernsituation 1.3.2

Welches Ziel soll ich erreichen?	Warum soll ich dieses Ziel erreichen?
Was muss ich tun, um das Ziel zu erreichen?	Welche Informationen bzw. Hilfsmittel benötige ich dazu und wo finde ich diese?

INFO 1: EREIGNISGESTEUERTE PROZESSKETTE (EPK)

Eine Ereignisgesteuerte Prozesskette bildet Prozesse in übersichtlicher Form durch verschiedene Symbole ab. Jeder Prozess beginnt und endet dabei mit einem Ereignis. Zwischen den Ereignissen finden Aktivitäten statt, welche ebenfalls durch ein Ereignis ausgelöst werden. Das Ergebnis der Aktivität ist ebenfalls ein Ereignis.

Symbol	Begriff	Definition
⬡	Ereignis	Beschreibt einen Zustand, der eine Aktivität auslöst oder das Ergebnis einer Aktivität ist.
	Funktion oder Aktivität	Beschreibt, welche Aktivität ausgeführt werden soll.
→	Funktionsfluss	Zeigt die Zusammenhänge zwischen den Ereignissen und Aktivitäten.

(Autor bitte Manuskript prüfen)

Beispiel: Barzahlung eines Kunden im Lagerverkauf

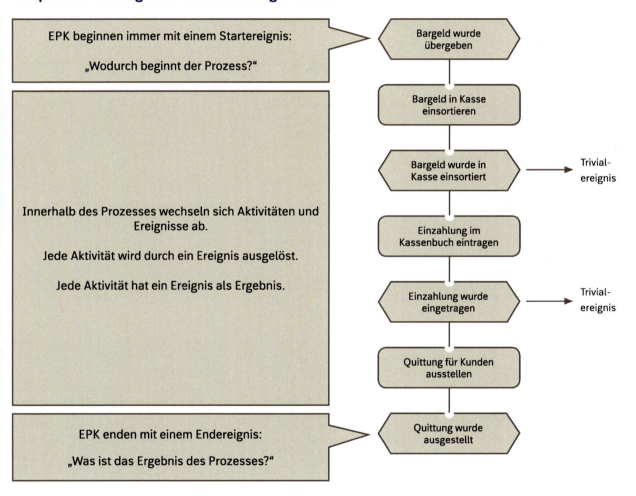

- EPK beginnen immer mit einem Startereignis: „Wodurch beginnt der Prozess?"
- Innerhalb des Prozesses wechseln sich Aktivitäten und Ereignisse ab. Jede Aktivität wird durch ein Ereignis ausgelöst. Jede Aktivität hat ein Ereignis als Ergebnis.
- EPK enden mit einem Endereignis: „Was ist das Ergebnis des Prozesses?"

Um die Prozesskette übersichtlicher zu machen, werden sogenannte **Trivialereignisse** (Ereignisse, die sich selbsterklärend aus der Aktivität ergeben) **oft weggelassen**. Start- und Endereignisse dürfen nicht weggelassen werden!

Schulung 1: Eine einfache EPK mit PowerPoint erstellen

Schritt 1: Ändern der Folienausrichtung

Wählen Sie über das Register *ENTWURF* im Auswahlfeld *Foliengröße* die *Benutzerdefinierte Foliengröße* aus. Wählen Sie anschließend im Fenster, das sich jetzt öffnet, die folgenden Einstellungen:

- Papierformat: A4-Papier (210 × 297 mm)
- Ausrichtung Folien: Hochformat

Schritt 2: Einfügen der Formen

Fügen Sie jetzt über das Register *EINFÜGEN* die benötigten Formen – das Sechseck, das abgerundete Rechteck und den Pfeil – ein.

Klicken Sie hierzu im Auswahlmenü zuerst auf die Form und dann auf die Stelle in der Folie, an der Sie die Form platzieren möchten.

Die Formen werden standardmäßig in Blau eingefügt. Fügen Sie zunächst jeweils nur eine Form ein.

Schritt 3: Formatieren der Formen

Jetzt können Sie die Formen in der Farbe und Größe formatieren.

Klicken Sie hierzu die Formen an und wählen über das Register *ZEICHENTOOLS → FORMAT* im Bereich *Formenarten* über das Auswahlfeld das Design *Farbige Kontur – Schwarz, Dunkel 1* aus.

Um die Größe der Formen zu ändern, klicken Sie auf die Form und ziehen Sie dann einen der Punkte mit gedrückter linker Maustaste in die gewünschte Größe. Nun verschieben Sie die Formen an die gewünschte Stelle auf der Folie, indem Sie die Form mit gedrückter linker Maustaste auswählen.

Schritt 4: Text in die Formen einfügen

Klicken Sie auf eine Form und geben Sie dann den gewünschten Text ein, z. B. „Bargeld wurde übergeben".

Schritt 5: Kopieren der Formen

Da Sie bisher nur jeweils eine Form eingefügt haben, kopieren Sie die benötigten Formen jetzt und fügen Sie sie wieder ein. Klicken Sie hierzu mit der rechten Maustaste auf die gewünschte Form und wählen Sie *Kopieren* aus. Klicken Sie anschließend mit der rechten Maustaste auf die Folie und wählen Sie als Einfügeoption *Zieldesign verwenden* aus.

Schritt 6: Gestalten der EPK

Jetzt können Sie die EPK wie in der Prozessbeschreibung vorgegeben in PowerPoint abbilden.

Aufgaben

1. Beschreiben Sie, was im Rahmen einer einfachen Ereignisgesteuerten Prozesskette unter einem Ereignis und einer Funktion verstanden wird.

2. Erläutern Sie den Zusammenhang zwischen Ereignissen und Funktionen an einem selbst gewählten Beispiel.

3. Beschreiben Sie, was unter einem Trivialereignis zu verstehen ist.

4. Erstellen Sie für den Prozess Warenversand mit PowerPoint eine einfache Ereignisgesteuerte Prozesskette. Zur Hilfe können Sie auf die Schulung 1 „Eine einfache EPK mit PowerPoint erstellen" zurückgreifen.

5. Präsentieren Sie Ihre erstellte Prozesskette zum Warenversand einem Ihrer Mitschüler. Betonen Sie innerhalb Ihrer Präsentation den Wechsel von Ereignissen und Funktionen.

Lernsituation 1.3.3: Logische Verknüpfungen in einer EPK

DAS IST GESCHEHEN

Die Mitarbeiterschulung war sehr erfolgreich. Gerade für die neuen Lagermitarbeiter ist die übersichtliche Prozessdarstellung mit der Ereignisgesteuerten Prozesskette (EPK) eine große Hilfe. Hierdurch werden die meisten Fehler nun vermieden und die Pakete kommen pünktlich bei den Kunden an. Heute Morgen kam Frau Müller, eine Lagermitarbeiterin, allerdings mit einer Frage auf Sie zu. Bei einer von ihr bearbeiteten Bestellung war ein Artikel nicht auf Lager. In der EPK zum Versandprozess hat sie auch keine Anweisung darüber gefunden, wie sie in einem solchen Fall vorgehen soll.

Um Frau Müllers Frage zu klären, haben Sie Herrn Verden per E-Mail über das Problem informiert. Er antwortete Ihnen direkt:

SITUATIONSANALYSE

1. Überlegen Sie sich zunächst, welches Ziel sich aus der Ausgangssituation ergibt und warum Sie es erreichen sollen. Beschreiben Sie dann die Schritte, die Sie unternehmen müssen, um das Ziel zu erreichen. Listen Sie auch die hierfür benötigten Informationen und Hilfsmittel auf und wo Sie diese finden. Nutzen Sie hierzu das Arbeitsblatt 1 „Situationsanalyse".

2. Vergleichen Sie Ihre Situationsanalyse mit den Analysen Ihrer Mitschüler und Ihres Lehrers. Ergänzen Sie Ihre Analyse, falls nötig.

3. Führen Sie nun die Schritte aus der Situationsanalyse durch, damit Sie Ihr Ziel erreichen.

Arbeitsblatt 1: Situationsanalyse Lernsituation 1.3.3

Welches Ziel soll ich erreichen?	Warum soll ich dieses Ziel erreichen?
Was muss ich tun, um das Ziel zu erreichen?	**Welche Informationen bzw. Hilfsmittel benötige ich dazu und wo finde ich diese?**

INFO 1: LOGISCHE VERKNÜPFUNGEN IN EINER EPK

Oft kommt es vor, dass nach einer Aktivität mehrere Ereignisse eintreten können. Um dies in einer EPK darstellen zu können, werden sogenannte logische Verknüpfungen genutzt.

Symbol	Verknüpfung	Definition
XOR	Entweder-oder (XOR = exklusives Oder)	Nach einer Aktivität tritt entweder das eine oder das andere Ereignis ein. Es wird nur einer von mehreren möglichen Wegen genommen.
V	Oder (OR)	Nach einer Aktivität können mehrere Ereignisse eintreten. Diese können auch gleichzeitig eintreten, ein Ereignis muss aber eintreten und bearbeitet werden.
Regel:		XOR- oder OR-Verknüpfungen können nur auf Aktivitäten folgen. Nach Ereignissen können keine XOR- oder OR-Verknüpfungen folgen.
∧	Und (AND)	Nach einer Aktivität treten mehrere Ereignisse gleichzeitig auf, sie werden auch gleichzeitig bearbeitet. Es können auch nach einem Ereignis mehrere Aktivitäten gleichzeitig eintreten.

Beispiel: Barzahlung eines Kunden im Lagerverkauf (ohne Trivialereignisse)

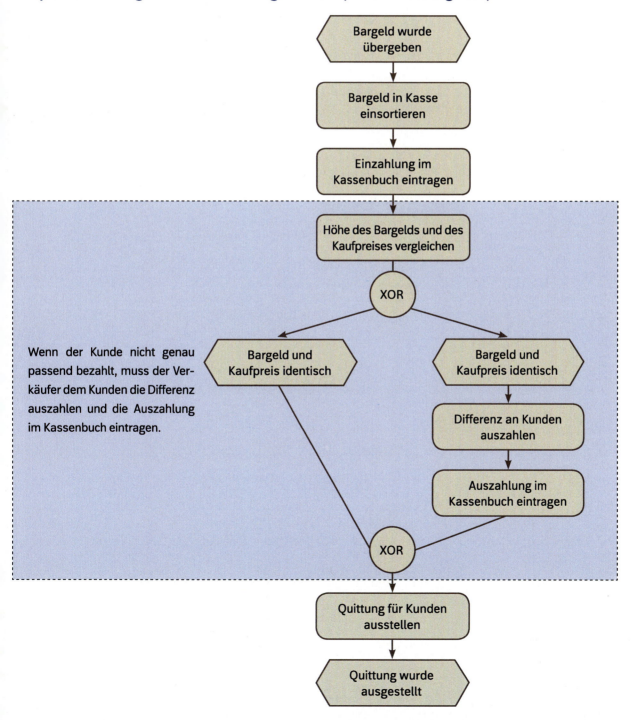

Wenn der Kunde nicht genau passend bezahlt, muss der Verkäufer dem Kunden die Differenz auszahlen und die Auszahlung im Kassenbuch eintragen.

Aufgaben

1. Beschreiben Sie mithilfe der Info 1 „Logische Verknüpfungen in einer EPK" die verschiedenen Möglichkeiten von logischen Verknüpfungen innerhalb einer Ereignisgesteuerten Prozesskette.

2. Erweitern Sie Ihre bereits erstellte Prozesskette zum Warenversand so, dass das Vorgehen bei ausreichendem und fehlendem Lagerbestand durch eine Entweder-oder-Verknüpfung deutlich wird. Das Vorgehen beschreibt Herr Verden in seiner E-Mail in der Ausgangssituation.

Lernsituation 1.3.4: Vollständig erweiterte Ereignisgesteuerte Prozesskette

DAS IST GESCHEHEN

Von:	verden@pepp-gmbh.de
An:	azubi@pepp-gmbh.de
Anhänge:	Info1.docx
Betreff:	Vorgehen im Versandprozess bei fehlendem Lagerbestand

Lieber Azubi,

vorhin habe ich etwas vergessen. Falls ein Artikel nicht vorrätig ist, informieren wir nicht nur den Verkauf, damit dieser dem Kunden Bescheid geben kann. Wir informieren auch gleichzeitig den Einkauf, damit dieser den Artikel nachbestellt. Praktisch läuft es so ab, dass wir eine E-Mail an beide Abteilungen gleichzeitig verschicken. Bitte ergänzen Sie diese Änderung mit der passenden logischen Verknüpfung noch in Ihrer EPK.

Außerdem würde ich mich freuen, wenn Sie Ihre EPK noch um drei weitere Bestandteile ergänzen, damit die Mitarbeiter noch genauer wissen,
- welche Abteilung für die Aktivitäten zuständig ist (Organisationssicht),
- welche Informationen bzw. Materialien (z. B. Lieferscheine oder Kundenbestellung) die Mitarbeiter für die verschiedenen Aktivitäten benötigen (Informationssicht) und
- welche Prozesse vor und nach dem Warenversand stattgefunden haben (Prozessschnittstellen).

Fügen Sie daher bitte die Organisations- und Informationssicht sowie die entsprechenden Prozessschnittstellen in Ihre EPK ein. Im Anhang dieser E-Mail befindet sich ein Informationsblatt über diese Bestandteile der EPK (Info 1).

Mit freundlichen Grüßen

Bastian Verden

SITUATIONSANALYSE

1. Überlegen Sie sich zunächst, welches Ziel sich aus der Situation ergibt und warum Sie es erreichen sollen. Beschreiben Sie dann die Schritte, die Sie unternehmen müssen, um das Ziel zu erreichen. Listen Sie auch die hierfür benötigten Informationen und Hilfsmittel auf und wo Sie diese finden. Nutzen Sie hierzu das Arbeitsblatt 1 „Situationsanalyse".

2. Vergleichen Sie Ihre Situationsanalyse mit den Analysen Ihrer Mitschüler und Ihres Lehrers. Ergänzen Sie Ihre Analyse, falls nötig.

3. Führen Sie nun die Schritte aus der Situationsanalyse durch, damit Sie Ihr Ziel erreichen.

Arbeitsblatt 1: Situationsanalyse Lernsituation 1.3.4

Welches Ziel soll ich erreichen?	Warum soll ich das Ziel erreichen?

Was muss ich tun, um das Ziel zu erreichen?	Welche Informationen bzw. Hilfsmittel benötige ich dazu und wo finde ich diese?

INFO 1: DIE ORGANISATIONS- UND INFORMATIONSSICHT UND PROZESSSCHNITTSTELLEN IN EINER EPK

Bisher bestand die EPK nur aus den Ereignissen, den Aktivitäten und den logischen Verknüpfungen. Das sind auch die wichtigsten Bestandteile. Damit ein Prozess aber noch verständlicher für alle Mitarbeiter abgebildet wird, können drei weitere Elemente hinzugefügt werden: die Organisationssicht, die Informationssicht und die Prozessschnittstellen.

Symbol	Begriff	Definition
⬭	Organisation	Gibt die Abteilung an, welche für eine Aktivität bzw. einen Prozess zuständig ist.
▭	Information	Stellt die benötigten Informationen, Materialien oder Dokumente dar, welche zur Erledigung einer Aktivität benötigt werden.
⎔	Prozessschnittstelle	Verdeutlicht, welche Prozesse vor, während oder nach dem beschriebenen Prozess ablaufen.

Beispiel: Barzahlung eines Kunden im Lagerverkauf (ohne Trivialereignisse)

Autor bitte Manuskript prüfen

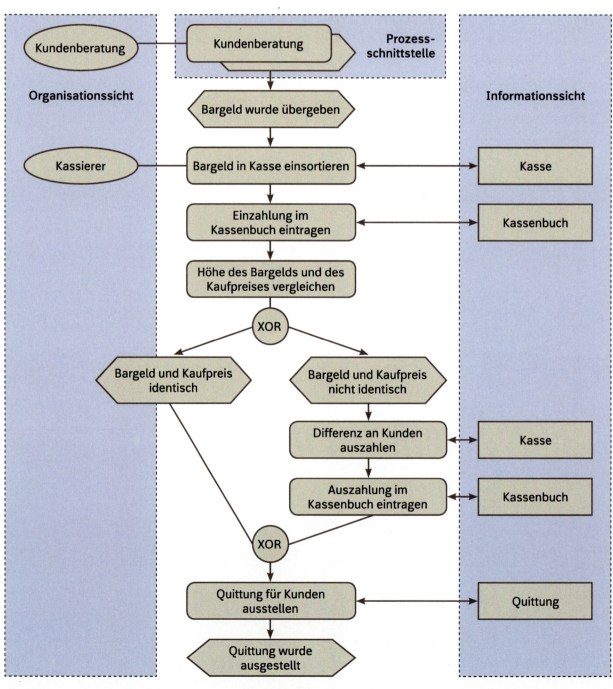

Aufgaben

1. Erläutern Sie jeweils den Zweck der Organisationssicht, der Informationssicht sowie der Prozessschnittstellen innerhalb einer EPK (siehe E-Mail von Herrn Verden in der Ausgangssituation).

2. Falls ein Artikel nicht vorrätig ist, informiert das Lager nicht nur den Verkauf, damit dieser dem Kunden Bescheid geben kann, sondern auch gleichzeitig den Einkauf, damit dieser den Artikel nachbestellt. Praktisch läuft es so ab, dass eine E-Mail an beide Abteilungen gleichzeitig verschickt wird. Ergänzen Sie diesen Sachverhalt durch eine UND-Verknüpfung in Ihrer EPK zum Warenversand.

3. Erweitern Sie Ihre Prozesskette zum Warenversand um die Organisations- und Informationssicht sowie um die Prozessschnittstellen.

Lernsituation 1.3.5: Die Vorteile der Ereignisgesteuerten Prozessketten

DAS IST GESCHEHEN

Die EPK für den Warenversand ist nun fertig, aber es gibt noch mehr zu tun!

Endlich haben Sie die EPK zum Warenversand vollständig in einer erweiterten Ereignisgesteuerten Prozesskette abgebildet. Herr Verden, Leiter der Abteilung Versandlogistik, ist mit Ihrer Arbeit sehr zufrieden gewesen. In der letzten Abteilungsleitersitzung hat er seinen Kollegen von Ihrer guten Arbeit erzählt. Daraufhin hat Frau Özer, Leiterin der Abteilung Aus- und Fortbildung, vorgeschlagen, dass Sie die Vorteile der erweiterten Ereignisgesteuerten Prozessketten allen neuen Auszubildenden in einer PowerPoint-Präsentation vorstellen. Hierzu sollen Sie eine geeignete SmartArt wählen. Zur Information hat sie Ihnen einen aktuellen Artikel aus der Zeitschrift „businessefficiency" (Info 1) zugeschickt.

SITUATIONSANALYSE

1. Überlegen Sie sich zunächst, welches Ziel sich aus der Situation ergibt und warum Sie es erreichen sollen. Beschreiben Sie dann die Schritte, die Sie unternehmen müssen, um das Ziel zu erreichen. Listen Sie auch die hierfür benötigten Informationen und Hilfsmittel auf und wo Sie diese finden. Nutzen Sie hierzu das Arbeitsblatt 1 „Situationsanalyse".

2. Vergleichen Sie Ihre Situationsanalyse mit den Analysen Ihrer Mitschüler und Ihres Lehrers. Ergänzen Sie Ihre Analyse, falls nötig.

3. Führen Sie nun die Schritte aus der Situationsanalyse durch, damit Sie Ihr Ziel erreichen.

Arbeitsblatt 1: Situationsanalyse Lernsituation 1.3.5

Welches Ziel soll ich erreichen?	Warum soll ich dieses Ziel erreichen?
Was muss ich tun, um das Ziel zu erreichen?	**Welche Informationen bzw. Hilfsmittel benötige ich dazu und wo finde ich diese?**

Lernsituation 1.3.5: Die Vorteile der Ereignisgesteuerten Prozessketten

INFO 1: AUSSCHNITT AUS DER ZEITSCHRIFT „BUSINESSEFFICIENY"

Ereignisgesteuerte Prozessketten machen Unternehmen erfolgreicher

Heutzutage reicht es längst nicht mehr aus, gute Produkte herzustellen. Dazu gibt es zu viel Konkurrenz – und zwar weltweit. Unternehmen müssen Kosten sparen und trotzdem die Kundenwünsche erfüllen, um erfolgreich zu sein. Ereignisgesteuerte Prozessketten helfen den Unternehmen, diese Ziele zu erfüllen.

Schnelle Arbeitsabläufe

Heute bestellt, morgen geliefert! Damit das funktioniert, müssen sämtliche Prozesse eines Unternehmens reibungslos und vor allem schnell ablaufen. Dieses anspruchsvolle Ziel kann durch Ereignisgesteuerte Prozessketten unterstützt werden, weil jeder Mitarbeiter genau weiß, durch welche Ereignisse seine Arbeit beginnt, was er tun und welche Informationen, Materialien und Dokumente er benutzen muss.

Weniger Fehler

Ein weiterer Vorteil der Ereignisgesteuerten Prozessketten liegt darin, dass weniger Fehler gemacht werden. Durch die genaue Beschreibung und Visualisierung der Arbeitsabläufe eines Unternehmens sinkt die Fehlerquote und die Qualität der Produkte steigt.

Hohe Kundenzufriedenheit

Kunden fordern fehlerfreie Produkte und schnelle Lieferungen. Weil die Prozesse durch Ereignisgesteuerte Prozessketten nicht nur schneller, sondern auch fehlerfreier ablaufen, steigt hierdurch die Kundenzufriedenheit.

Geringere Kosten

Die schnelleren Arbeitsabläufe sorgen dafür, dass weniger Kosten anfallen. Aber auch durch weniger Fehler werden Kosten gespart – nämlich bspw. dadurch, dass weniger Reklamationen anfallen.

Motivation der Mitarbeiter

Mithilfe der Ereignisgesteuerten Prozessketten verstehen die Mitarbeiter besser, wie das Unternehmen funktioniert. Sie erkennen durch die Prozessschnittstellen und Zusammenhänge die Bedeutung ihrer Arbeit für das Unternehmen. Dadurch steigt auch die Motivation der Mitarbeiter, weil sie erkennen, dass ihre Arbeit wichtig für das Unternehmen ist.

Grundlage für die Automatisierung von Prozessen

Durch modernste Technik können heute viele Aufgaben von Computern, Maschinen oder Robotern übernommen werden. Bevor dies allerdings geschehen kann, muss ein Unternehmen zunächst wissen, welche Tätigkeiten in einem Prozess überhaupt anfallen, wann die Tätigkeiten beginnen, wann sie enden oder welche Informationen und Hilfsmittel dazu verwendet werden. Genau das wird in einer Ereignisgesteuerten Prozesskette abgebildet.

Aufgabe

Erstellen Sie eine geeignete SmartArt in PowerPoint, welche die Vorteile der Ereignisgesteuerten Prozessketten auf einer Folie zusammenfasst.

Kompetenzcheck – Ablauforganisation

Ich kann ...	Ja sicher!	Geht so!	Muss ich noch üben!	Wie gehe ich vor, um mich zu verbessern?
beschreiben, was im Rahmen einer einfachen Ereignisgesteuerten Prozesskette unter einem Ereignis und einer Funktion verstanden wird.				
den Zusammenhang zwischen Ereignissen und Funktionen anhand von Beispielen erläutern.				
beschreiben, was unter einem Trivialereignis zu verstehen ist.				
mit PowerPoint eine einfache Ereignisgesteuerte Prozesskette erstellen.				
die verschiedenen Möglichkeiten von logischen Verknüpfungen innerhalb einer Ereignisgesteuerten Prozesskette beschreiben.				
logische Verknüpfungen in Ereignisgesteuerten Prozessketten anwenden.				
den Zweck der Organisationssicht, der Informationssicht sowie der Prozessschnittstellen innerhalb einer EPK erläutern.				
die Organisations- und Informationssicht sowie die Prozessschnittstellen in einer EPK abbilden.				
die Vorteile der Ereignisgesteuerten Prozessketten erläutern.				

Übungsaufgabe 1: Urlaub beantragen

In letzter Zeit kommt es bei der PEPP GmbH vermehrt zu Problemen bei der Beantragung von Urlaubstagen. Erstellen Sie anhand der folgenden Prozessbeschreibung eine erweiterte Ereignisgesteuerte Prozesskette (ohne Trivialereignisse), damit alle Mitarbeiter Bescheid wissen, wie sie ihren Urlaub beantragen müssen.

Prozessbeschreibung „Beantragen von Urlaub"

Der Prozess beginnt damit, dass ein Mitarbeiter einen Urlaubswunsch hat. Als Erstes füllt dieser Mitarbeiter nun einen Urlaubsantrag aus. Danach schickt er diesen Antrag an den Abteilungsleiter.

Der Abteilungsleiter prüft den Urlaubsantrag mithilfe der Personaleinsatzplanung und entscheidet damit, ob der Urlaub genehmigt wird oder nicht. Wenn der Abteilungsleiter den Antrag nicht genehmigt, informiert er den Mitarbeiter hierüber. Wenn der Abteilungsleiter den Antrag genehmigt, schickt er ihn an die Personalabteilung.

Die Personalabteilung gibt die Urlaubstage nun in die Datenbank ein. Der Mitarbeiter wird über den eingetragenen Urlaub durch eine ausgedruckte Übersicht der genehmigten Urlaubstage informiert.

Übungsaufgabe 2: Urlaub beantragen (schwer)

Beachten Sie die Änderung des Prozesses, nachdem der Abteilungsleiter den Urlaubsantrag genehmigt und an die Personalabteilung geschickt hat. Erstellen Sie für den geänderten Prozess eine EPK, indem Sie die vorhandene EPK sinnvoll ändern und ergänzen.

Prozessbeschreibung „Beantragen von Urlaub"

... Wenn der Abteilungsleiter den Antrag genehmigt, schickt er ihn an die Personalabteilung.

Ab hier geänderter Prozess!

Die Personalabteilung prüft nun mithilfe der Datenbank, ob der Mitarbeiter noch Urlaubstage zur Verfügung hat. Wenn noch freie Urlaubstage verfügbar sind, werden die Urlaubstage in die Datenbank eingetragen. Der Mitarbeiter wird über den eingetragenen Urlaub durch eine ausgedruckte Übersicht der genehmigten Urlaubstage informiert. Danach endet der Prozess. Wenn der Mitarbeiter keine freien Urlaubstage mehr zur Verfügung hat, schickt die Personalabteilung dem Mitarbeiter einen Antrag auf unbezahlten Urlaub. Der Mitarbeiter entscheidet dann darüber, ob er unbezahlten Urlaub nehmen möchte oder nicht. Wenn er sich gegen den unbezahlten Urlaub entscheidet, endet der Prozess. Wenn er sich für den unbezahlten Urlaub entscheidet, schickt er den Antrag auf unbezahlten Urlaub an die Personalabteilung zurück.

Die Personalabteilung trägt die Urlaubstage dann – genau wie bei bezahlten Urlaubstagen – in die Datenbank ein und informiert den Mitarbeiter. Hiermit endet der Prozess.

Übungsaufgabe 3: Personalauswahlprozess

Der Personalauswahlprozess startet damit, dass Bewerbungen eingegangen sind. Nun analysiert die Personalabteilung die Bewerbungsunterlagen mithilfe einer Checkliste. Die Bewerber, welche die Anforderungen an die Bewerbungsunterlagen nicht erfüllen, erhalten eine Absage und gleichzeitig ihre Bewerbungsunterlagen zurück. Die Personalabteilung schickt an die anderen Bewerber eine Einladung zum Einstellungstest. Jetzt wird der Einstellungstest durchgeführt. Hierzu wird ein Persönlichkeitstest und ein Intelligenztest genutzt. Jetzt werden die Einstellungstests mithilfe einer Excel-Tabelle ausgewertet. Die Bewerber, welche den Einstellungstest nicht bestanden haben, erhalten direkt eine mündliche Absage. Die anderen Bewerber erhalten eine schriftliche Einladung zum Vorstellungsgespräch. Jetzt werden die Vorstellungsgespräche durchgeführt. Hierzu wird ein Fragenkatalog genutzt. Im nächsten Schritt werden die Vorstellungsgespräche anhand der Beobachtungen ausgewertet. Der Bewerber, welcher für die Stelle ausgewählt wurde, erhält eine schriftliche Zusage, die anderen Bewerber erhalten eine Absage. Der ausgewählte Bewerber wird dann von der entsprechenden Fachabteilung eingearbeitet. Die Einarbeitung stellt einen neuen Prozess dar.

Handlungsfeld 2

Beschaffung

Abb. 69
folgt

Anforderungssituation 2.1: Gefahren aus dem Internet und soziale Netzwerke für die PEPP GmbH

Lernsituation 2.1.1: Mögliche Gefahren im Internet und Schutzmaßnahmen

DAS IST GESCHEHEN

Nachdem Sie in letzter Zeit in der Abteilung Versandlogistik eingesetzt waren, beginnt heute Ihr Ausbildungsabschnitt in der Abteilung Einkauf. Herr Hufschmied, Leiter der Einkaufsabteilung, kann Ihre Hilfe gut gebrauchen. Nachdem Herr Hufschmied Sie durch die Abteilung geführt und Ihnen die Kollegen vorgestellt hat, erklärt er Ihnen im Gespräch Ihre erste Aufgabe:

„Wie Sie bereits gesehen haben, arbeiten wir hier in der Abteilung Einkauf sehr viel am PC. Wir suchen z. B. im Internet nach passenden Lieferanten oder schreiben Anfragen und Bestellungen per E-Mail. Dies hat in letzter Zeit leider allerdings zu einigen Problemen geführt. Weil wir viel im Internet unterwegs sind und viele E-Mails lesen, haben Computerviren letzte Woche fast alle unsere Computer lahmgelegt. Außerdem haben wir bereits zwei Phishing-Mails erhalten, zum Glück ist daraus aber kein Schaden entstanden.

Wir sollten unsere Mitarbeiter noch besser über die möglichen Gefahren im Internet (z. B. Viren, Würmer etc.) und die entsprechenden Schutzmaßnahmen informieren. Ich würde mich freuen, wenn Sie hierzu Informationsblätter anfertigen. Die Vorlagen hierfür habe ich schon entworfen (Arbeitsblätter 1–3). Diese können wir den Mitarbeitern dann aushändigen. Ebenso habe ich Ihnen zu den Gefahren im Internet und den Schutzmaßnahmen einige Informationen zusammengestellt (Info 1). Sie können sich aber zusätzlich natürlich auch im Internet informieren.

Vielen Dank schon einmal!"

SITUATIONSANALYSE

1. Überlegen Sie sich zunächst, welches Ziel sich aus der Ausgangssituation ergibt. Beschreiben Sie dann die Schritte, die Sie unternehmen müssen, um das Ziel zu erreichen. Listen Sie auch die hierfür benötigten Informationen und Hilfsmittel auf und wo Sie diese finden. Nutzen Sie hierzu das Arbeitsblatt 1 „Situationsanalyse".

2. Vergleichen Sie Ihre Situationsanalyse mit den Analysen Ihrer Mitschüler und Ihres Lehrers. Ergänzen Sie Ihre Analyse, falls nötig.

3. Führen Sie nun die Schritte aus der Situationsanalyse durch, damit Sie Ihr Ziel erreichen.

Beschaffung

Arbeitsblatt 1: Situationsanalyse Lernsituation 2.1.1

Welches Ziel soll ich erreichen?	Warum soll ich dieses Ziel erreichen?
Was muss ich tun, um das Ziel zu erreichen?	Welche Informationen bzw. Hilfsmittel benötige ich dazu und wo finde ich diese?

INFO 1: SCHADSOFTWARE, SPAM-MAILS UND SCHÜTZENDE MASSNAHMEN

Schadsoftware

Viren

Viren gelten als Schadprogramme, die sich selbstständig vervielfältigen und so schnell verbreiten können. Sie heften sich an andere Programme oder Dateien und können so, ohne dass der Nutzer es bemerkt, bei Downloads aus dem Internet oder über einen Datenträger, z. B. USB-Stick, den Computer infizieren. Dabei kann das Ausmaß des Schadens, den Viren anrichten, von harmlosen, sinnlos ausgegebenen Textstücken bis hin zur Löschung der gesamten Festplatte reichen.

Vgl. Fileccia, Marco; Kimmel, Birgit; Rack, Stefanie; Tatsch, Isabell; Groschup, Friederike: Knowhow für junge User. Mehr Sicherheit im Umgang mit dem World Wide Web. Materialien für den Unterricht, hrsg. von klicksafe, 1. vollständig überarbeitete Auflage, Ludwigshafen: klicksafe 2016, S. 205.

Würmer

Würmer sind Viren, die i. d. R. über E-Mail-Anhänge in den Computer eindringen und sich in der Folge unbemerkt wiederum per E-Mail weiterverbreiten.

Vgl. Schmitz, Jürgen; Krone, Lutz: secure-it in NRW. IT-Sicherheit macht Schule. Arbeitsmaterialien für den Unterricht. Viren, Würmer, Trojaner, hrsg. vom Ministerium für Wirtschaft und Arbeit des Landes Nordrhein-Westfalen, Bonn: Agentur »secure-it.nrw« bei der IHK Bonn/Rhein-Sieg 2005, S. 5.

Genauso wie Viren können Würmer großen Schaden auf dem Computer anrichten. Im schlimmsten Fall werden alle Daten von der Festplatte gelöscht oder der Computer lässt sich nicht mehr bedienen.

Trojaner

Die Bezeichnung „Trojaner" ist dem Trojanischen Pferd aus der griechischen Antike entlehnt. Ein Trojaner ist eine Schadsoftware, die sich in einem scheinbar vertrauenswürdigen, seriösen Programm versteckt, dadurch unbemerkt auf dem Computer installiert wird und bspw. vertrauliche Daten, Passwörter, das Surfverhalten oder Informationen über benutzte Programme des infizierten Computers ausspioniert. Die auf diese Weise erworbenen Informationen können entweder zur Abzocke missbraucht oder von Werbefirmen verwendet werden, um zielgenau Werbung zu schalten.

Vgl. Fileccia, Marco; Kimmel, Birgit; Rack, Stefanie; Tatsch, Isabell; Groschup, Friederike: Knowhow für junge User. Mehr Sicherheit im Umgang mit dem World Wide Web. Materialien für den Unterricht, hrsg. von klicksafe, 1. vollständig überarbeitete Auflage, Ludwigshafen: klicksafe 2016, S. 205.

Spam-Mails

Scam

Scam-Mails sind Betrug-E-Mails, die ihre Adressaten auffordern, besonders günstig angebotene Waren zu kaufen oder einmalige Geschäfte zu tätigen. Nach Überweisung des Geldes wird das versprochene Produkt jedoch nie geliefert.

Vgl. Fileccia, Marco; Kimmel, Birgit; Rack, Stefanie; Tatsch, Isabell; Groschup, Friederike: Knowhow für junge User. Mehr Sicherheit im Umgang mit dem World Wide Web. Materialien für den Unterricht, hrsg. von klicksafe, 1. vollständig überarbeitete Auflage, Ludwigshafen: klicksafe 2016, S. 201.

Hoax

Der Begriff „Hoax" (engl. für „Täuschung" oder „Falschmeldung") steht für eine Spam-Mail, die als Kettenbrief versendet wird und den Empfänger auffordert, sie an möglichst viele Personen weiterzuleiten. Hoax-Mails enthalten i. d. R. Warnungen, Einladungen oder Aufrufe. Sie werden nicht nur per E-Mail verbreitet, sondern kursieren auch in sozialen Netzwerken. In den meisten Fällen sind Hoaxes schlichtweg nervig, manche können jedoch auch Viren enthalten.

Vgl. Fileccia, Marco; Kimmel, Birgit; Rack, Stefanie; Tatsch, Isabell; Groschup, Friederike: Knowhow für junge User. Mehr Sicherheit im Umgang mit dem World Wide Web. Materialien für den Unterricht, hrsg. von klicksafe, 1. vollständig überarbeitete Auflage, Ludwigshafen: klicksafe 2016, S. 201.

Phishing

„Phishing" ist ein zusammengesetztes Wort („Password" + „Fishing"). Bei diesem Vorgang handelt es sich um das kriminelle Abgreifen wichtiger Passwörter. Dabei versenden Betrüger gefälschte E-Mails, um an die Zugangsdaten der Adressaten, z. B. zum Bankkonto, zu gelangen. Diese Phishing-Mails enthalten Links zu Internetseiten, die geschickte Fälschungen der Seiten von seriösen Kreditinstituten sind. Gibt der Nutzer dort seine Zugangsdaten ein, können die Betrüger auf diese Weise dessen Bankdaten abgreifen.

Vgl. Fileccia, Marco; Kimmel, Birgit; Rack, Stefanie; Tatsch, Isabell; Groschup, Friederike: Knowhow für junge User. Mehr Sicherheit im Umgang mit dem World Wide Web. Materialien für den Unterricht, hrsg. von klicksafe, 1. vollständig überarbeitete Auflage, Ludwigshafen: klicksafe 2016, S. 201.

In Wirklichkeit haben kriminelle Programmierer diese Internetseiten selbst erstellt, um die Kontodaten und Passwörter der Kunden auf illegale Weise zu erhalten.

Schutz vor Schadprogrammen und Spam

Um sich vor Schadprogrammen und Spam zu schützen, sind folgende Maßnahmen sinnvoll:

Antivirenprogramm und Firewall

Ein Antivirenprogramm (auch: Virenscanner) ist ein Computerprogramm, welches Viren blockt oder beseitigt, falls sie sich schon auf dem Computer befinden. Die verschiedenen Antivirenprogramme arbeiten alle mit einer Liste, die die Namen bekannter Viren enthalten.

Vgl. Internet-ABC e. V. (Hrsg.): Wissen, wie´s geht! – Handbuch für Lehrerinnen und Lehrer, 2013, S. 111

Jeder PC sollte über ein Antivirenprogramm und eine Firewall verfügen. Von großer Notwendigkeit ist es, diese Software regelmäßig zu updaten, da sich Viren laufend verändern. Fehlen regelmäßige Updates, ist die Antivirensoftware nicht mehr auf dem neuesten Stand.

Firewalls sind i. d. R. in das Antivirenprogramm integriert und schützen den PC vor Angriffen und unberechtigten Zugriffen aus dem Internet. Schalten Sie die Firewall niemals aus!

Vgl. Fileccia, Marco; Kimmel, Birgit; Rack, Stefanie; Tatsch, Isabell; Groschup, Friederike: Knowhow für junge User. Mehr Sicherheit im Umgang mit dem World Wide Web. Materialien für den Unterricht, hrsg. von klicksafe, 1. vollständig überarbeitete Auflage, Ludwigshafen: klicksafe 2016, S. 206.

Aktualisierung der Software

Neben Antivirensoftware und Firewall sollte auch die Betriebs- und Anwendersoftware ständig aktualisiert werden. Dadurch wird verhindert, dass Viren durch eventuelle Sicherheitslücken eindringen können. Beachten Sie dabei, dass die Updates nur von seriösen Quellen bezogen werden, da Updates von gängiger Software (z. B. Adobe Flash, Adobe Reader) mit Schadsoftware verseucht sein können.

Vgl. Fileccia, Marco; Kimmel, Birgit; Rack, Stefanie; Tatsch, Isabell; Groschup, Friederike: Knowhow für junge User. Mehr Sicherheit im Umgang mit dem World Wide Web. Materialien für den Unterricht, hrsg. von klicksafe, 1. vollständig überarbeitete Auflage, Ludwigshafen: klicksafe 2016, S. 207.

Meiden riskanter Webseiten

Auf Seiten mit kostenlosen pornografischen Inhalten sowie auf Streaming-Portalen (Seiten, auf denen Filme direkt im Browser angesehen werden können) besteht ein hohes Risiko, den eigenen PC mit Malware (z. B. Viren, Würmer und Trojaner) zu infizieren. Jedoch stammt ein Großteil dieser Malware von seriösen Seiten, die von Cyberkriminellen gehackt wurden.

Vgl. Fileccia, Marco; Kimmel, Birgit; Rack, Stefanie; Tatsch, Isabell; Groschup, Friederike: Knowhow für junge User. Mehr Sicherheit im Umgang mit dem World Wide Web. Materialien für den Unterricht, hrsg. von klicksafe, 1. vollständig überarbeitete Auflage, Ludwigshafen: klicksafe 2016, S. 207.

Ignorieren von Spam-Mails

Folgender Umgang mit Spam-Mails wird empfohlen: Spam-Mails sollten ignoriert werden, d. h., man sollte sich weder beim Absender der Nachricht beschweren noch Dateianhänge oder Links öffnen, da diese mit Viren verseucht sein und so den Computer infizieren können. Ferner würde die Rückmeldung dem Absender der Nachricht die Richtigkeit der eigenen E-Mail-Adresse bestätigen, was eventuell zu noch mehr Spam-Mails führt.

Vgl. Fileccia, Marco; Kimmel, Birgit; Rack, Stefanie; Tatsch, Isabell; Groschup, Friederike: Knowhow für junge User. Mehr Sicherheit im Umgang mit dem World Wide Web. Materialien für den Unterricht, hrsg. von klicksafe, 1. vollständig überarbeitete Auflage, Ludwigshafen: klicksafe 2016, S. 203.

Kritische Prüfung von E-Mails und Daten

Wenn der Absender einer E-Mail unbekannt ist und/oder die Betreffzeile seltsam erscheint, sollten weder die E-Mail selbst noch ihre Anhänge oder Links geöffnet werden.

Vgl. Fileccia, Marco; Kimmel, Birgit; Rack, Stefanie; Tatsch, Isabell; Groschup, Friederike: Knowhow für junge User. Mehr Sicherheit im Umgang mit dem World Wide Web. Materialien für den Unterricht, hrsg. von klicksafe, 1. vollständig überarbeitete Auflage, Ludwigshafen: klicksafe 2016, S. 203.

Phishing-Mails können daran erkannt werden, dass die Absenderadressen zumeist gefälscht sind. Außerdem ist die Anrede unpersönlich gehalten („Lieber Kunde der x-Bank!").

Zudem wird oft dringender Handlungsbedarf signalisiert („Wenn Sie nicht sofort Ihre Daten aktualisieren, gehen diese verloren …"). Zusätzlich kommen Drohungen zum Einsatz („Wenn Sie das nicht tun, müssen wir Ihr Konto leider sperren …"). Ebenso werden vertrauliche Daten (z. B. PINs und TANs) abgefragt, etwa in einem Formular innerhalb der E-Mail oder durch einen Link, der vom Empfänger geöffnet werden soll.

Vgl. Bundesamt für Sicherheit in der Informationstechnik (Hrsg.): Phishing. In: Bsi-fuer-buerger.de. www.bsi-fuer-buerger.de/BSIFB/DE/Risiken/SpamPhishingCo/Phishing/phishing_node.html [23.10.2018]

„Training" von Spam-Filtern

Alle deutschen E-Mail-Provider besitzen einen integrierten Spam-Filter, der dafür sorgt, dass verdächtige E-Mails in einen separaten Spam-Ordner verschoben werden. Sollte doch die eine oder andere Spam-Mail ihren Weg in den regulären Posteingang finden, so besteht die Möglichkeit, die E-Mail dem E-Mail-Provider als Spam zu melden. Auf diese Weise kann dieser bei der nächsten ähnlichen E-Mail besser reagieren und sie direkt im Spam-Ordner ablegen.

Vgl. Fileccia, Marco; Kimmel, Birgit; Rack, Stefanie; Tatsch, Isabell; Groschup, Friederike: Knowhow für junge User. Mehr Sicherheit im Umgang mit dem World Wide Web. Materialien für den Unterricht, hrsg. von klicksafe, 1. vollständig überarbeitete Auflage, Ludwigshafen: klicksafe 2016, S. 203.

Beschaffung

Arbeitsblatt 2: Schadsoftware

Schadsoftware	Beschreibung: Was ist das?	Funktionsweise: Wie funktioniert die Schadsoftware und welchen Schaden richtet sie an?
Viren	Ein Virus ist ein Schadprogramm, das sich selbstständig vervielfältigen kann und auf diese Weise schnell verbreitet.	■ Der Virus heftet sich an andere Programme und kann so ohne Wissen des Nutzers beim Download von Dateien aus dem Internet, über USB-Stick etc. den eigenen Computer infizieren. ■ Die Größe des Schadens, den Viren anrichten, variiert stark: von harmlosen sinnlos ausgegebenen Textstücken bis hin zur Löschung der gesamten Festplatte.
Würmer	Ein Wurm ist ein bösartiger Virus.	■ Würmer schleichen sich meist über den Anhang einer E-Mail in ein Computersystem ein ■ vermehren sich dann selbst unbemerkt per E-Mail weiter.
Trojaner	Trojaner ist ein Programm, das sich in scheinbar vertrauenswürdigen, seriösen Programmen versteckt.	Sioniert vertrauliche Daten, Passwörter, Surfverhalten, Informationen über benutzte Programme etc. des infizierten Computers aus. Diese Informationen können dann einerseits für die Abzocke genutzt werden oder kommen Werbefirmen zugute, die auf dieser Basis zielgenau Werbung ausbringen können.

Arbeitsblatt 3: Spam-Mails

Schadsoftware	Beschreibung: Was ist das?	Funktionsweise: Wie funktioniert die Spam-Mail und welchen Schaden richtet sie an?
Scam	Scam (zu Deutsch „Betrug") bezeichnet E-Mails, die Angebote für besonders günstige, einmalige Waren oder Geschäfte enthalten.	▪ Die E-Mails fordern den Adressaten auf, die Angebote zu kaufen. ▪ Der Käufer erhält nach der Überweisung des Geldes das versprochene Produkt jedoch nicht.
Hoax	Hoax (zu Deutsch „Täuschung" oder auch „Falschmeldung") bezeichnet eine Spam-Mail, die in Form e	▪ Hoaxes werden natürlich nicht nur per E-Mail versandt. Sie kursieren auch in Sozialen Netzwerken wie bspw. Facebook. ▪ Meist sind die Hoaxes schlicht nervig – einige allerdings enthalten auch Viren, die den Computer des Empfängers infizieren, schlimmstenfalls ausspionieren oder gar fernsteuern können.
Phishing	Phishing setzt sich zusammen aus den beiden englischen Passwörtern.	▪ Betrüger schicken gefälschte Nachrichten an Nutzer, um an deren Zugangsdaten, bspw. für das Bankkonto zu gelangen. ▪ Die Mails verlinken auf Seiten, die vorgeben, von seriösen Kreditinstituten zu sein, und greifen so die Bankdaten derjenigen Nutzer ab, die auf diesen Seiten aktiv sind.

Arbeitsblatt 4: Schutz vor Schadprogrammen und Spam

Maßnahme	Erläuterung des Schutzes: Warum ist die Maßnahme sinnvoll?
Antivirenprogramm	Ein Viren-Scanner ist ein Programm für den Computer, das Viren abblockt oder, falls sie sich schon auf dem Computer eingenistet haben, beseitigt. Firewalls sind meist in das Antivirenprogramm integriert.
Firewall	Eine Firewall schützt ein Gerät vor Angriffen und unberechtigten Zugriffen aus dem Internet.
Aktualisierung der Software	Betriebs- und Anwendersoftware muss laufend auf den neuesten Stand gebracht werden, damit Viren nicht durch etwaige Sicherheitslücken eindringen können.
Meiden riskanter Webseiten	Risikowebseiten werden dazu genutzt, Malware zu verbreiten, z. B. Viren, Würmer und Trojaner
Ignorieren von Spam-Mails	Anhänge oder Links könnten mit Viren verseucht sein und damit den Computer infizieren. Die Rückmeldung beim Absender des
Kritische Prüfung von E-Mails und Daten	Ist der
„Training" von Spam-Filtern	Der Spam-Filter sorgt dafür, dass verdächtige E-Mails in einem separaten Spam-Ordner landen. Wenn sich doch.

Lernsituation 2.1.2: Eine Geschäftsbriefvorlage erstellen und ein Virenprogramm anfragen

Aufgaben

1. Beschreiben Sie mithilfe der Info 1 „Schadsoftware, Spam-Mails und schützende Maßnahmen" die unterschiedlichen Arten von Schadsoftware und erläutern Sie, wie diese Software funktioniert sowie welchen Schaden sie anrichtet (Arbeitsblatt 2).

2. Beschreiben Sie mithilfe der Info 1 „Schadsoftware, Spam-Mails und schützende Maßnahmen" die unterschiedlichen Arten von Spam-Mails und erläutern Sie, wie die Spam-Mails jeweils funktionieren sowie welchen Schaden sie anrichten (Arbeitsblatt 3).

3. Erläutern Sie mithilfe von Info 1 „Schadsoftware, Spam-Mails und schützende Maßnahmen" die unterschiedlichen Möglichkeiten zum Schutz vor Schadsoftware und Spam-Mails (Arbeitsblatt 4).

Lernsituation 2.1.2: Eine Geschäftsbriefvorlage erstellen und ein Virenprogramm anfragen

DAS IST GESCHEHEN

Herr Hufschmied, Leiter der Einkaufsabteilung, ist mit Ihren Informationen zu den Gefahren im Internet und den Erklärungen zu den Schutzmaßnahmen sehr zufrieden. Da das Antivirenprogramm der PEPP GmbH schon recht alt ist, soll jetzt ein neues Programm für das gesamte Unternehmen angeschafft werden. Insgesamt gibt es in der PEPP GmbH 40 Computer, auf denen ein aktuelles Antivirenprogramm installiert werden muss.

Das Antivirenprogramm soll zusätzlich mit einer Firewall ausgestattet sein. Außerdem soll sich das Programm automatisch aktualisieren, damit Viren nicht durch Sicherheitslücken in das Computersystem der PEPP GmbH eindringen können.

Herr Hufschmied bittet Sie, eine Anfrage für ein Antivirenprogramm an das Softwarehaus Wolter KG (Kanalstraße 23, 48163 Münster) zu schicken. In diesem Zusammenhang hat Herr Hufschmied aber noch eine weitere Bitte. Bisher haben alle Abteilungen der PEPP GmbH unterschiedliche Geschäftsbrief-Vordrucke genutzt. Damit soll jetzt Schluss sein. Zukünftig soll es nur noch eine einheitliche Vorlage für alle Abteilungen geben. Als Beispielvorlage soll die Anfrage eines befreundeten Unternehmens, der Müller KG, verwendet werden (Info 1).

Zur Unterstützung stellt Ihnen Herr Hufschmied außerdem Unterlagen zu einer Word-Schulung (Schulung 1), die er selbst einmal besucht hat, sowie Informationen zu Geschäftsbriefen nach der DIN 5008 (Info 2) und zu den Inhalten einer Anfrage (Info 3) zur Verfügung.

SITUATIONSANALYSE

1. Überlegen Sie sich zunächst, welches Ziel sich aus der Ausgangssituation ergibt. Beschreiben Sie dann die Schritte, die Sie unternehmen müssen, um das Ziel zu erreichen. Listen Sie auch die hierfür benötigten Informationen und Hilfsmittel auf und wo Sie diese finden. Nutzen Sie hierzu das Arbeitsblatt 1 „Situationsanalyse".

2. Vergleichen Sie Ihre Situationsanalyse mit den Analysen Ihrer Mitschüler und Ihres Lehrers. Ergänzen Sie Ihre Analyse, falls nötig.

3. Führen Sie nun die Schritte aus der Situationsanalyse durch, damit Sie Ihr Ziel erreichen.

Beschaffung

Arbeitsblatt 1: Situationsanalyse Lernsituation 2.1.2

Welches Ziel soll ich erreichen?	Warum soll ich dieses Ziel erreichen?

Was muss ich tun, um das Ziel zu erreichen?	Welche Informationen bzw. Hilfsmittel benötige ich dazu und wo finde ich diese?

Lernsituation 2.1.2: Eine Geschäftsbriefvorlage erstellen und ein Virenprogramm anfragen

INFO 1: BEISPIELVORLAGE EINER ANFRAGE

Müller KG, Postfach 10 53 45, 70177 Stuttgart	Ihr Zeichen: Ihre Nachricht vom: Unser Zeichen: we Unsere Nachricht:
Lampenfabrik Meier und Koch OHG Postfach 45 75 45 68162 Mannheim	Name: Petra Weiß Telefon: 0711 432-238 Telefax: 0711 432-207 E-Mail: info@mueller-kg.de Datum: 15.11.20..

Anfrage nach Pendelleuchten

Sehr geehrte Damen und Herren,

auf der Lieferantensuchmaschine „Wer liefert was" sind wir auf Ihre Produkte aufmerksam geworden.

Wir sind eine bekannte Elektrogroßhandlung in Stuttgart und wollen unser Sortiment durch Lampen und Leuchten erweitern. Deshalb bitten wir Sie um ein ausführliches Angebot über

    50 Kronleuchter aus Glas
    Durchmesser 55 cm, Bestell-Nr. 587

    60 Kronleuchter aus Kunststoff
    Durchmesser 42 cm, Bestell-Nr. 750

Bitte teilen Sie uns Ihre Lieferzeiten sowie die Preise und die Zahlungsbedingungen mit. Gewähren Sie uns für die angefragten Mengen einen Rabatt?

Zudem würden wir uns über die Zusendung Ihres neuen Kataloges freuen.

Freundliche Grüße

Müller KG

i. A.

Petra Weiß

Beschaffung

INFO 2: GESCHÄFTSBRIEFE NACH DER DIN 5008

Empfängeranschriftfeld

Das Empfängeranschriftfeld besteht aus neun Zeilen, in die die Empfängeranschrift normgerecht eingegeben wird. Das Empfängeranschriftfeld wird oben und unten durch eine Linie vom anderen Text abgegrenzt.

Privatanschrift	Firmenanschrift
Postanschrift des Absenders	Postanschrift des Absenders
3	
2	
1 postalischer Vermerk	postalischer Vermerk
1 Anrede	Firmenbezeichnung
2 Vor- und Zuname	Ansprechpartner/Firmenbezeichnung
3 Straße/Hausnummer	Straße/Postfachangabe
4 Postleitzahl Bestimmungsort	Postleitzahl Bestimmungsort
5	
6	

Informationsblock

Postanschrift des Absenders

postalischer Vermerk   Ihr Zeichen:
Firmenbezeichnung   Ihre Nachricht vom:
Postfachangabe   Unser Zeichen: ra-la
PLZ Bestimmungsort   Unsere Nachricht vom:
                              Telefon: 0211 40760
                              Telefax: 0211 40761
                              E-Mail: info@xyz.de

                              Datum: 13.01.20..

Briefabschluss

Allgemeine Begriffe	Beispiel
letzter Satz des Brieftextes	Wir freuen uns auf Ihre Bestellung.
Gruß	Mit freundlichen Grüßen
Firmenbezeichnung	Büromaschinenhandel
Firmenbezeichnung	Lauterhans KG
Unterschriftszusatz	i. A.
maschinenschriftliche Wiederholung des Namens des Unterzeichners	Vor- und Zuname
Anlagenvermerk	Anlage 1 Prospekt
Verteilvermerk	Verteiler Herrn Müller

Lernsituation 2.1.2: Eine Geschäftsbriefvorlage erstellen und ein Virenprogramm anfragen

Schulung 1: Eine Geschäftsbriefvorlage mit Kommunikationsblock (Typ B) erstellen

Dieser Typ des Geschäftsbriefes bietet mehr Platz für den Firmenschriftzug im Briefkopf.

1. Seitenränder einstellen

Stellen Sie die Seitenränder im Register *Seitenlayout* → *Seitenränder* → *Benutzerdefinierte Seitenränder* wie folgt ein:

- oben: 4,5 cm
- unten: 2,5 cm
- links: 2,5 cm
- rechts: 2,0 cm
- zusätzlich: Abstand Kopf- und Fußzeile vom Blattrand: 1,0 cm (Register *Layout* im Menü *Seite einrichten*)

2. Briefkopf erstellen

Hier steht i. d. R. die Firma, ein Logo und ggf. ein Werbespruch. Den Briefkopf können Sie ansprechend gestalten über das Register *Einfügen* → *Kopfzeile* → *Kopfzeile bearbeiten*.

Die Gestaltung kann mit verschiedenen Schriftarten und -größen bzw. mit Formen, Bildern und Grafiken erfolgen (Register *Einfügen*).

3. Brieffuß erstellen

Am unteren Rand des Briefes stehen verschiedene Geschäftsangaben. Den Brieffuß gestalten Sie folgendermaßen: Register *Einfügen* → *Fußzeile* → *Fußzeile bearbeiten*.

Erstellen Sie eine Tabelle mit einer Zeile und drei Spalten über das Register *Einfügen* → *Tabelle*.

Jetzt können Sie die Geschäftsangaben der PEPP GmbH in die drei Spalten mit Schriftart Calibri und Schriftgröße 8 pt. übertragen:

Tel.: 02162 333-0 Fax: -99 E-Mail: info@pepp-gmbh.de Internet: www.pepp-gmbh.de	Geschäftsführer: Walter Pape, Jürgen Ehrlich Amtsgericht Viersen HRB 2567 USt-IdNr.: DE 333 287 222	Sparkasse Krefeld IBAN DE87 3205 0000 0086 7565 43 BIC SPKRDE33XXX

Die Spaltenbreite können Sie nach Bedarf mit der Maus verändern, indem Sie den Spaltenrand nach rechts oder links ziehen.

Damit die Tabellenlinien nicht im Briefvordruck sichtbar sind, markieren Sie die gesamte Tabelle und entfernen Sie die Tabellenlinien über das Register *Tabellentools* → *Entwurf* → *Rahmen* → *Kein Rahmen*.

4. Anschriftenfeld und Kommunikationsblock erstellen

Direkt unter dem Briefkopf folgen das Anschriftenfeld und der Kommunikationsblock.

Erstellen Sie eine Tabelle mit vier Spalten und zehn Zeilen. Die erste Spalte ist 8,5 cm breit (Register *Tabellentools* → *Layout* → *Höhe, Breite*). Die zweite Spalte ist 1,5 cm breit, die dritte Spalte 4,5 cm und die vierte 3,0 cm.

Die **erste Spalte** dient dem **Anschriftenfeld**. In der **ersten Zeile** wird die Adresse des Absenders erfasst (PEPP GmbH, Heesstraße 95, 41751 Viersen), der Schriftgrad beträgt 8 pt. Zwischen den Adressangaben können Trennzeichen eingesetzt werden (*Einfügen* → *Symbol* → *Weitere Symbole* → *Schriftart*, z. B. Wingdings). Die erste Zeile wird durch eine durchgehende Linie von den anderen Zeilen getrennt.

Die anderen neun Zeilen sind für die Adresse des jeweiligen Empfängers vorgesehen, der Schriftgrad beträgt 12 pt.

Die **zweite Spalte** bleibt leer.

Die **dritte Spalte** und die **vierte Spalte** dienen dem **Kommunikationsblock**. Der Kommunikationsblock fängt auf gleicher Höhe mit dem Adressfeld an. Die „Stichwörter" werden in Schriftgröße 8 pt. geschrieben.

Beschaffung

		Ihr Zeichen:	mü
		Ihre Nachricht vom:	24.04.20..
		Unser Zeichen:	ra-la
		Unsere Nachricht vom:	20.04.20..
		Name:	
		Telefon: 02162/333-0 Fax: -99	
		E-Mail: xxx@pepp-gmbh.de	
		Internet: www.pepp-gmbh.de	
		Datum:	29.04.20..

Die Ergänzungen zu den Stichwörtern (z. B. Datum) werden in Schriftgröße 12 pt. geschrieben.

Die Tabellenlinien (außer bei der ersten Zeile, d. h. dem Absender) dürfen im Computerausdruck ebenfalls nicht sichtbar sein.

INFO 3: INHALTE EINER ANFRAGE

Um mehrere Angebote miteinander vergleichen zu können, versendet der Käufer Anfragen an potenzielle Lieferanten mit der Bitte um Abgabe eines verbindlichen Angebots.

Die Anfrage ist formfrei und rechtlich unverbindlich, d. h., der Käufer geht keine Verpflichtung gegenüber dem potenziellen Lieferanten ein und kann somit gleichzeitig bei mehreren infrage kommenden Lieferanten anfragen.

Grundsätzlich ist zwischen zwei Varianten der Anfrage zu unterscheiden:

- allgemeine Anfragen
- bestimmte Anfragen

Bei allgemeinen Anfragen werden ohne feste Kaufabsicht Preislisten, Kataloge, Muster oder Vertreterbesuche angefordert.

Bestimmte Anfragen beziehen sich auf die Lieferung von bestimmten Erzeugnissen oder Dienstleistungen. Um Rückfragen zu vermeiden, sollte eine Anfrage präzise formuliert sein.

Aufbau und Inhalt einer bestimmten Anfrage:

1. Hinweis, wie man auf den Lieferanten aufmerksam geworden ist
2. kurze Vorstellung des eigenen Unternehmens
3. Grund der Anfrage
4. zweckmäßige Beschreibung der gewünschten Erzeugnisse oder Dienstleistungen (evtl. Hinweis auf Konstruktionsskizze)
5. Angabe der benötigten Menge
6. Erfragen der Preise, Lieferungs- und Zahlungsbedingungen
7. Hinweis auf gewünschten Liefertermin
8. sonstige Vorstellungen, wie z. B. Just-in-time-Lieferung
9. Schlussformel
10. Anlagen (z. B. Skizzen)

Aufgaben

1. Erstellen Sie mithilfe der exemplarischen Geschäftsbriefvorlage der Müller KG (Info 1), der Info 2 „Geschäftsbriefe nach der DIN 5008", der Schulung 1 „Eine Geschäftsbriefvorlage mit Kommunikationsblock (Typ B) erstellen" eine Geschäftsbriefvorlage für die PEPP GmbH.

2. Formulieren Sie mithilfe der Geschäftsbriefvorlage der Müller KG sowie der Info 3 „Inhalte einer Anfrage" eine Anfrage an das Softwarehaus Wolter KG für eine Antivirensoftware.

Lernsituation 2.1.3: Soziale Netzwerke

DAS IST GESCHEHEN

Der fortschreitende Prozess der Digitalisierung und der neuen Medien macht auch vor der PEPP GmbH nicht halt. Auf der letzten Abteilungsleiterbesprechung fasste Herr Pape, Geschäftsführer der PEPP GmbH, die Entwicklung der letzten Zeit wie folgt kurz zusammen:

„Das Internet ist längst kein Ort mehr, an dem nur wenige Personen Inhalte bereitstellen, welche dann von vielen Menschen konsumiert und gelesen werden. Für die PEPP GmbH reicht es nicht mehr aus, auf unserer Webseite lediglich Informationen über unser Unternehmen und unsere Produkte zu präsentieren.

Im Internet, so wie wir es heute kennen, kann jeder Informationen verbreiten. So wird die PEPP GmbH bspw. schon auf verschiedenen sozialen Netzwerken von Kunden und unseren eigenen Mitarbeitern bewertet. Diese Möglichkeiten müssen wir nutzen, um mit unserer Umwelt in einen ehrlichen Dialog zu kommen. Damit meine ich nicht nur unsere Kunden, sondern auch unsere Mitarbeiter und natürlich auch die potenziellen Bewerber. Wenn wir die Chancen, welche uns die sozialen Netzwerke bieten, nicht nutzen, wird das Risiko immer größer, dass sich die sozialen Netzwerke negativ auf das Image der PEPP GmbH auswirken. Wenn unsere Kunden oder Mitarbeiter im Internet etwas über uns schreiben, wollen sie auch, dass ihnen zugehört und geantwortet wird.

Wir müssen die Rückmeldungen unserer Kunden in den sozialen Netzwerken ernst nehmen und sie nutzen, um unsere Produkte und unser Image zu verbessern. Wir agieren schließlich in einem starken Wettbewerb und sind längst nicht mehr das einzige Unternehmen, welches Werbeartikel verkauft.

Hinzu kommt noch, dass es für uns aufgrund des zunehmenden Fachkräftemangels immer schwieriger wird, gute Mitarbeiter zu finden. Auch hier müssen wir das Internet nutzen, um unser Image als Arbeitgeber zu verbessern. Wir müssen zeigen, dass wir ein tolles Unternehmen sind, bei dem unsere Mitarbeiter gerne arbeiten!

Vielleicht sollten wir uns zunächst einmal einen Überblick verschaffen, welche sozialen Netzwerke denn überhaupt zur Verfügung stehen und wie diese funktionieren. Wir müssen unbedingt wissen, welche Inhalte, z. B. Unternehmens- und Produktbeschreibungen, Produktbewertungen von Kunden, Unternehmensbewertungen durch Mitarbeiter und so weiter auf den verschiedenen sozialen Netzwerken veröffentlicht werden.

Danach sollten wir uns überlegen, welche sozialen Medien wir nutzen sollten, um unsere Ziele zu erreichen. Dazu müssen wir uns natürlich auch überlegen, wie wir uns präsentieren sollen, d. h. welche Inhalte wir in den sozialen Netzwerken nutzen. Sie sehen, meine Damen und Herren, wir benötigen dringend ein sinnvolles Konzept, wie wir die sozialen Netzwerke nutzen wollen, um unser Image als Unternehmen und als Arbeitgeber zu erhalten und zu verbessern!"

Da Sie seit heute Frau Johansson für die nächsten Wochen unterstützen sollen, haben Sie zum ersten Mal selbst an einer Abteilungsleiterbesprechung teilgenommen. Sie sollen Frau Johansson dabei helfen, ein sinnvolles Konzept, d. h. einen begründeten Plan, für die Nutzung der sozialen Netzwerke zu entwickeln.

SITUATIONSANALYSE

1. Überlegen Sie sich zunächst, welches Ziel sich aus der Ausgangssituation ergibt und warum Sie das Ziel erreichen sollen. Beschreiben Sie dann die Schritte, die Sie unternehmen müssen, um das Ziel zu erreichen. Listen Sie auch die hierfür benötigten Informationen und Hilfsmittel auf und wo Sie diese finden. Nutzen Sie hierzu das Arbeitsblatt 1 „Situationsanalyse".

2. Vergleichen Sie Ihre Situationsanalyse mit den Analysen Ihrer Mitschüler und Ihres Lehrers. Ergänzen Sie Ihre Analyse, falls nötig.

3. Führen Sie nun die Schritte aus der Situationsanalyse durch, damit Sie Ihr Ziel erreichen.

Beschaffung

Arbeitsblatt 1: Situationsanalyse Lernsituation 2.1.3

Welches Ziel soll ich erreichen?	Warum soll ich das Ziel erreichen?
Was muss ich tun, um das Ziel zu erreichen?	Welche Informationen bzw. Hilfsmittel benötige ich dazu und wo finde ich diese?

Arbeitsblatt 1: Soziale Netzwerke für Unternehmen

Soziales Netzwerk	Welche Inhalte werden hier veröffentlicht und von wem?

Beschaffung

Arbeitsblatt 2: Konzept „Soziale Netzwerke" für die PEPP GmbH

Welche sozialen Netzwerke soll die PEPP GmbH nutzen und welche Inhalte sollen hier veröffentlicht werden?

Soziales Netzwerk	Inhalte	Begründung (Warum haben Sie sich für das soziale Netzwerk und die Inhalte entschieden?)

Lernsituation 2.1.3: Soziale Netzwerke

Aufgaben

1. Analysieren Sie im Internet, welche sozialen Netzwerke für Unternehmen zur Verfügung stehen und wie diese funktionieren, d. h. welche Inhalte (z. B. Unternehmens- und Produktbeschreibungen, Produktbewertungen von Kunden, Unternehmensbewertungen durch Mitarbeiter etc.) hier veröffentlicht werden. Überprüfen Sie außerdem, von wem (z. B. vom Unternehmen selbst, von Kunden, von Mitarbeitern, von anderen Unternehmen etc.) diese Inhalte veröffentlicht werden?

   Nutzen Sie hierzu das Arbeitsblatt 1 „Soziale Netzwerke für Unternehmen".

2. Entwickeln Sie für die PEPP GmbH ein Konzept zur Nutzung der sozialen Netzwerke.
   Wählen Sie hierzu insgesamt drei soziale Netzwerke aus, auf denen die PEPP GmbH Ihrer Meinung nach präsent sein sollte.
   Legen Sie außerdem die entsprechenden Inhalte fest, z. B. Produktpräsentation, Berichterstattung aus dem Unternehmen (z. B. aus der Produktion), Interviews von Mitarbeitern etc., welche in den einzelnen sozialen Medien genutzt werden sollen.
   Begründen Sie Ihre Entscheidungen jeweils.

   Nutzen Sie hierzu das Arbeitsblatt 2 „Konzept ‚Soziale Netzwerke' für die PEPP GmbH".

Kompetenzcheck – Gefahren im Internet, Geschäftsbriefe und soziale Netzwerke

Ich kann ...	Ja sicher!	Geht so!	Muss ich noch üben!	Wie gehe ich vor, um mich zu verbessern?
die unterschiedlichen Arten von Schadsoftware und Spam-Mails beschreiben.				
erläutern, wie die unterschiedlichen Arten von Schadsoftware und Spam-Mails funktionieren und welchen Schaden sie anrichten.				
unterschiedliche Möglichkeiten zum Schutz vor Schadsoftware und Spam-Mails erläutern.				
mithilfe von Word einen Geschäftsbriefvordruck unter Berücksichtigung der Anforderungen der DIN 5008 erstellen.				
eine vollständige Anfrage formulieren.				
verschiedene soziale Netzwerke für Unternehmen nennen.				
die Funktionsweise unterschiedlicher sozialer Netzwerke für Unternehmen erläutern.				
ein Konzept zur Nutzung der sozialen Netzwerke entwickeln.				

Beschaffung

Anforderungssituation 2.2: Beschaffungsabwicklung

Lernsituation 2.2.1: Beschaffungsprozesse

DAS IST GESCHEHEN

Als Sie heute Morgen mit der Arbeit beginnen, sticht Ihnen direkt die folgende Bedarfsmeldung ins Auge:

PEPP GmbH
Bedarfsmeldung

WICHTIG!!!

Von Abteilung Einkauf auszufüllen!

Bestell-Nr. Einkauf

Bestelldatum

Name Anforderer: Ludger Vollkorn

Abteilung: Verkauf

Anforderungsdatum: 25.04.20..

Menge	Einheit	Bezeichnung	€ / ME
400	m²	**Leder** Grund der Bedarfsmeldung: Eine große Brauerei aus München hat für das Oktoberfest dieses Jahr VIP-Bändchen aus Leder angefragt. Bisher haben wir VIP-Bändchen nur aus Papier oder Kunststoff hergestellt, aus Leder haben wir noch nie welche verkauft und produziert.	Das müssen Sie herausfinden.

SITUATIONSANALYSE

1. Überlegen Sie sich zunächst, welches Ziel sich aus der Lernsituation ergibt. Beschreiben Sie dann die Schritte, die Sie unternehmen müssen, um das Ziel zu erreichen. Listen Sie auch die hierfür benötigten Informationen und Hilfsmittel auf und wo Sie diese finden. Nutzen Sie hierzu das Arbeitsblatt 1 „Situationsanalyse".

2. Vergleichen Sie Ihre Situationsanalyse mit den Analysen Ihrer Mitschüler und Ihres Lehrers. Ergänzen Sie Ihre Analyse, falls nötig.

3. Führen Sie nun die Schritte aus der Situationsanalyse durch, damit Sie Ihr Ziel erreichen.

Lernsituation 2.2.1: Beschaffungsprozesse

Arbeitsblatt 1: Situationsanalyse Lernsituation 2.2.1

Welches Ziel soll ich erreichen?	Warum soll ich das Ziel erreichen?
Welche Handlungen muss ich vornehmen, um das Ziel zu erreichen?	**Welche Informationen bzw. Hilfsmittel benötige ich dazu und wo finde ich diese?**

Beschaffung

INFO 1: PROZESSBESCHREIBUNG „BESCHAFFUNG NEUER MATERIALIEN"

Der Prozess „Beschaffung neuer Materialien" beginnt damit, dass in der Abteilung Beschaffung eine Bedarfsmeldung eingeht, in welcher ein Material anfordert wird, welches vorher noch nicht bestellt wurde.

Als Erstes wird in der Abteilung Beschaffung nun geprüft, ob es in der Lieferantenliste Lieferanten gibt, welche das angeforderte Material evtl. liefern könnten.

Bei neu zu beschaffenden Materialien sollen mindestens drei Anfragen an verschiedene Lieferanten gestellt werden. Wenn es in der Lieferantenliste bereits drei bestehende Lieferanten gibt, welche das neue Material liefern können, müssen keine weiteren Lieferanten gesucht werden.

Wenn es weniger als drei Lieferanten gibt, werden nun weitere potenzielle Lieferanten ausfindig gemacht, welche das angeforderte Material ebenfalls liefern könnten. Hierzu werden bspw. das Internet, Kataloge von Lieferanten oder Notizen von Messebesuchen genutzt. Die neuen potenziellen Lieferanten werden in die Lieferantenliste aufgenommen.

Anschließend werden nun mindestens drei Anfragen an verschiedene Lieferanten erstellt und verschickt.

Wenn die Angebote eingegangen sind, wird mithilfe einer Excel-Vorlage ein Angebotsvergleich erstellt und danach eine Bestellung an den besten Lieferanten verschickt. Die Bestellung erfolgt ebenfalls mithilfe des Geschäftsbriefvordruckes.

Der Prozess „Beschaffung neuer Materialien" ist mit dem Versand der Bestellung noch nicht ganz beendet. Die Abteilung Lager erhält noch eine Kopie der Bestellung. Hiermit beginnt dann im Lager der Prozess der „Lieferterminüberwachung".

Schulung 1: Erstellen eines Serienbriefes in Word

1. **Seriendruck starten**

   Öffnen Sie den Geschäftsbriefvordruck der PEPP GmbH und speichern Sie diesen anschließend als „Serienbrief_Anfrage Leder".

   Klicken Sie dann auf der Registerkarte *Sendungen* auf *Seriendruck starten* und klicken Sie danach auf *Seriendruck-Assistent mit Schritt-für-Schritt-Anweisungen*.

2. **Dokumenttyp wählen**

   Klicken Sie im Fensterbereich *Seriendruck* auf *Briefe*. Damit können Sie Briefe an eine Gruppe von Personen senden und bestimmte Teile des Briefs für die einzelnen Empfänger personalisieren.

   Klicken Sie auf *Weiter: Dokument wird gestartet*.

3. **Startdokument auswählen**

   Wählen Sie *Aktuelles Dokument verwenden*. Hiermit verwenden Sie das derzeit geöffnete Dokument als Ihr Hauptdokument.

   Klicken Sie im Aufgabenbereich *Seriendruck* auf *Weiter: Empfänger wählen*.

4. **Empfängerliste wählen**

   Gehen Sie folgendermaßen vor, um eine vorhandene Datenquelle (z. B. Lieferantenliste in Excel) zu verwenden:

   - Klicken Sie im Fensterbereich *Seriendruck* auf *Vorhandene Liste verwenden*.
   - Klicken Sie im Abschnitt *Vorhandene Liste verwenden* auf *Durchsuchen*.
   - Wählen Sie aus dem Dialogfeld *Datenquelle auswählen* die Datei aus, die die zu verwendenden variablen Informationen enthält, und klicken Sie auf *Öffnen*. Wählen Sie zur Erstellung der Anfragen die Datei *Lieferantenliste.xlsx* aus.
   - Word zeigt das Dialogfeld *Seriendruckempfänger* an. Klicken Sie im geöffneten Dialogfeld auf *Filtern* und wählen Sie nur die Lieferanten aus, welche als Produkt Leder liefern.

Lernsituation 2.2.1: Beschaffungsprozesse

- Klicken Sie auf *OK*, um zum Hauptdokument zurückzugehen.
- Speichern Sie das Hauptdokument.
- Klicken Sie im Aufgabenbereich *Seriendruck* auf *Weiter: Schreiben Sie Ihren Brief*.

5. Feldfunktionen einfügen und Brief schreiben

   5.1 Einfache Seriendruckfelder einfügen

   - Klicken Sie mit der Maus an die Stelle, an welcher die Informationen aus der Empfängerliste (z. B. Firmenbezeichnung im Anschriftenfeld) erscheinen soll.
   - Klicken Sie nun im Fensterbereich *Seriendruck* auf *Weitere Elemente*.
   - Es wird nun das Dialogfeld *Seriendruckfelder einfügen* geöffnet. Wählen Sie nun die entsprechenden Seriendruckfelder für das Anschriftenfeld aus und klicken Sie auf *Einfügen*. Sie können zuerst alle Felder einfügen und anschließend Leerzeichen oder Satzzeichen hinzufügen. Sie können die Seriendruckfelder auch wie normalen Text formatieren, also Fett- oder Kursivformatierungen anwenden.

   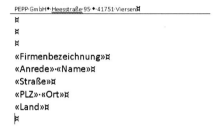

   Hinweis: Das Anschriftenfeld sollte dann wie rechts abgebildet aussehen.

   Wenn Sie nun auf *Weiter: Vorschau auf Ihre Briefe* klicken, bemerken Sie, dass die Anschriften für die Unternehmen ChinaTex有害疫 und eco-substancja Polska S. A. nicht korrekt sind. Gemäß der deutschen Rechtschreibung müsste hier anstatt *Herr* Chi bzw. Kowalski *Herrn* Chi bzw. Kowalski stehen. Um das fehlende „n" zu ergänzen, klicken Sie auf *Zurück: Schreiben Sie Ihren Brief*.

   5.2 Wenn-Dann-Sonst-Regeln einfügen

   - Klicken Sie mit der Maus direkt hinter *«Anrede»* und dann in der Registerkarte *Sendungen* im Drop-down-Menü *Regeln* auf das Feld *Wenn… Dann… Sonst…* .
   - Es öffnet sich das Kontextmenü *Bedingungsfeld einfügen: WENN*. Füllen Sie die entsprechenden Felder so aus, dass bei der männlichen Anrede (Herr) als Text ein „n" eingefügt wird.

   Die Wenn-Dann-Sonst-Regel wird zusätzlich noch bei der Anrede im Brieftext benötigt.

   - Fügen Sie zunächst die Anrede „Sehr geehrte «Anrede» «Name»" ein.
     Hinweis: Achten Sie darauf, dass Sie die Felder *«Anrede»* und *«Name»* als Seriendruckfelder einfügen (siehe Schritt 5.1).
   - In der männlichen Form dürfte in der Anrede allerdings nicht „Sehr geehrte Herr …" stehen. Korrekt müsste hier „Sehr geehrter Herr …" erscheinen. Fügen Sie wie bereits oben beschrieben direkt hinter „geehrte" ein „r" ein.

5.3 Brief schreiben

Ergänzen Sie nun die fehlenden Angaben des Geschäftsbriefes und formulieren Sie den entsprechenden Anfragentext.

6. Vorschau auf Ihre Briefe

In diesem Schritt können Sie die Seriendruckdaten Brief für Brief in der Vorschau anzeigen und kontrollieren. Um mit dem nächsten Schritt fortzufahren, klicken Sie auf *Weiter: Seriendruck fertig stellen*.

7. Seriendruck abschließen

- Klicken Sie auf *Individuelle Briefe bearbeiten*. Es wird das Dialogfeld *Seriendruck in Neues Dokument* angezeigt. Wählen Sie hier als Datensatzauswahl *Alle* aus und klicken Sie auf *OK*. Die Dokumente werden nun in einem neuen Word-Dokument ausgegeben.
- Speichern Sie die im neuen Word-Dokument erstellten Anfragen unter „Fertige Leder Anfragen" ab.
- Sie haben nun die Möglichkeit, die einzelnen Anfragen auszudrucken oder individuell zu bearbeiten.

INFO 2A: ANGEBOT DER KREATIVE STOFFABRIK GMBH

Kreative Stofffabrik GmbH, Kreativstr. 45, 20095 Hamburg

KREATIVE STOFFFABRIK

PEPP GmbH
Heesstraße 95
41751 Viersen

Telefon:	040 810455-0
Telefax:	040 810445-10
E-Mail:	schneider@stofffabrik.de

Hamburg, den 25.04.20..

Angebot AN5412

Sehr geehrte Damen und Herren,

als Ihr langjähriger Geschäftspartner freut es mich sehr, dass Sie einen neuen Auftrag für eine Sonderanfertigung erhalten haben.

Wie Sie mir in Ihrer Anfrage mitteilten, benötigen Sie ein besonderes Leder für die VIP-Bändchen. Daher biete ich Ihnen hiermit ein besonders geeignetes Leder an, welches Ihnen sicherlich zusagen wird. Sie wissen ja, dass Qualität bei uns an erster Stelle steht!

Artikel:	Büffelleder, pflanzlich gegerbt, naturbelassen mit Narbenbild Güte A, ecoTex Standard 100, Massentierhaltung 1 Stk. = 1 m², Stärke 2,4 mm
Listenpreis:	50,00 € pro Stück
Rabatt:	Sie erhalten einen Treuerabatt in Höhe von 3 % auf den Listenpreis.
Zahlung:	Wenn Sie in den nächsten 14 Tagen bezahlen, erhalten Sie einen Nachlass in Höhe von 3 %. Ansonsten müssen Sie den gesamten Betrag in 30 Tagen zahlen. Der Nachlass wird nicht auf die Lieferkosten gewährt.
Lieferkosten:	100,00 € (versicherter Versand in Spezialverpackung)
Sonstiges:	Mindestabnahmemenge 200 Stk.

Wir freuen uns auf Ihre Bestellung und verbleiben

mit freundlichen Grüßen

Kreative Stofffabrik GmbH

Beate Schneider

i. A. Beate Schneider

Amtsgericht Hamburg – HRB 67551
Steuernummer: 216/8674/5803
Geschäftsführer: Herr Fuchs

Bankverbindung: Sparkasse Hamburg
BIC: HASPDEHHXXX
IBAN: DE32 2005 0550 1006 9218 27

INFO 2B: ANGEBOT DER ECO-SUBSTANCJA POLSKA S. A.

eco-substancja Polska S. A.
Cukrowa 2
71-004 Szczecin
Polska

PEPP GmbH
Heesstraße 95
41751 Viersen

26.04.20..

Angebot: Ihre Anfrage vom 25.04.20..

Sehr geehrte Damen und Herren,

wir danken für das Interesse, das Sie mit Ihrer Anfrage gezeigt haben. Hiermit erhalten Sie unser Angebot:

Artikelbezeichnung:	Leder eco, echtes Rindsleder Tierhaltung zertifiziert nach OEKO-NORM®
Listenpreis:	55,00 €/Stk. (1 m²) Ab 200 Stk. erhalten Sie einen Mengenrabatt von 12 % auf den Listenpreis.
Zahlungsbedingung:	Wenn Sie innerhalb von 10 Tagen bezahlen, erhalten Sie einen Preisnachlass von 3 % (Skonto). Ansonsten müssen Sie innerhalb von 30 Tagen zahlen.
Lieferkosten:	frei Haus
Lieferzeit:	5 Tage nach Auftragserteilung
Sonstige Bedingungen:	Mindestabnahmemenge 100 Stk.

Unser Unternehmen betreibt ein Qualitätsmanagementsystem nach DIN EN ISO 9001 und ein Umweltmanagementsystem nach DIN EN ISO 14001.

Wir hoffen, Sie bald von unserer qualitativ hochwertigen und umweltbewussten Arbeit überzeugen zu können.

Mit freundlichen Grüßen

eco-substancja Polska S. A.

Pawel Kowalski

i. A. Pawel Kowalski

INFO 2C: ANGEBOT DER CHINA TEX

ChinaTex有害疫
Songjiang District 邮政编码
201620 Shanghai

PEPP GmbH
Heesstraße 95
41751 Viersen

06.05.20..

Angebot Leder

Sehr geehrte Damen und Herren,

wir danken für das Interesse, das Sie mit Ihrem Schreiben gezeigt haben. Hiermit erhalten Sie unser Angebot:

Artikelbezeichnung:	Kunstleder 便宜的 mit Polyester made in China
Listenpreis:	35,00 €/Stk. (1 m²)
Rabatt:	Sie erhalten einen Neukundenbonus von 5 % auf den Listenpreis.
Zahlungsbedingung:	Vorkasse
Mindestabnahmemenge:	400 Stk. pro Bestellung
Lieferzeit:	3 Wochen nach Auftragserteilung
Lieferkosten:	800,00 €

Ein Produktmuster stellen wir Ihnen gerne kostenlos per Luftpost zu!

Wir hoffen, Sie bald von unseren günstigen Produkten überzeugen zu können.

Mit freundlichen Grüßen

ChinaTex有害疫

Liang Chi

i. A. Liang Chi

Beschaffung

INFO 3: VORLAGE „QUANTITATIVER ANGEBOTSVERGLEICH"

	A	B	C	D
1	Quantitativer Angebotsvergleich			
2				
3	**Artikel:**			
4	**Bestellmenge:**			
5				
6	**Lieferant:**	Kreative Stofffabrik	eco-substancja Polska	ChinaTex
7	Listenpreis / Stk.			
8	Rabatt			
9	Skonto			
10	Lieferkosten			
11				
12				
13				
14	**Lieferant:**			
15	Listenpreis gesamt			
16	- Rabatt			
17	= Zieleinkaufspreis			
18	- Skonto			
19	= Bareinkaufspreis			
20	+ Bezugskosten			
21	= Bezugspreis gesamt			
22	= Bezugspreis / Stk.			

Schulung 2: Erstellen einer Excel-Vorlage für den quantitativen Angebotsvergleich

1. Schritt: Formatierungen vornehmen und Daten eingeben

- Öffnen Sie Excel, klicken Sie in die Zelle A1 (ganz oben links, „A" steht für die Spalte, „1" für die Zeile) und geben Sie die Überschrift „Quantitativer Angebotsvergleich" ein.
- Alternativ können Sie Texte, Formeln oder Funktionen (dazu später mehr) auch in die Bearbeitungsleiste eingeben.

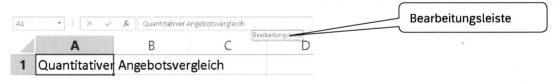

- Markieren Sie in Zeile 1 mit gedrückter linker Maustaste nun die Spalten A bis D und klicken Sie dann in der Befehlsgruppe *Ausrichtung* auf den Button ⊞ Verbinden und zentrieren ▾.
- Formatieren Sie den Text nun **fett** und vergeben Sie dem Rahmen eine äußere Rahmenlinie. Klicken Sie hierzu in der Befehlsgruppe *Schriftart* auf den kleinen Pfeil neben dem Rahmen ⊞▾ und wählen Sie dann im Drop-down-Menü das Feld ⊞ Rahmenlinien außen.
- Wählen Sie als Nächstes einen grauen Hintergrund für die Zelle aus, indem Sie auf den kleinen Pfeil neben dem Farbeimer klicken ⬛▾ und im Drop-down-Menü dann eine passende Füllung wählen, z. B. *Weiß, Hintergrund 1, dunkler 15 %*; die Farbbezeichnung wird angezeigt, wenn Sie mit der Maus auf die Farbe zeigen.

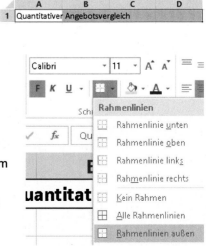

- Legen Sie die Tabelle nun so an, wie sie auf der Vorlage abgebildet ist. Achten Sie bei den Rechenzeichen (-, +, =) darauf, dass Sie diese folgendermaßen eingeben, z. B. ,- Rabatt. Wichtig ist der Strich oben, Sie finden diesen, wenn Sie die Umschalttaste gedrückt halten und dann auf die #-Taste drücken.
- Vergrößern Sie jetzt die Spalte A, damit der Text nicht die anderen Spalten überlappt. Bewegen Sie den Cursor hierzu auf die rechte Spaltenbegrenzung von Spalte A, bis sich die Form des Cursors verändert (◄►) und ziehen Sie die Spalte dann nach rechts.
Alternativ können Sie auch einen Doppelklick ausführen, wenn sich die Form des Cursors verändert hat oder Sie klicken mit der rechten Maustaste auf die Spalte und geben die Spaltenbreite manuell ein, indem Sie auf Spaltenbreite... klicken (geben Sie in das Feld z. B. die Größe 24 ein).
- Geben Sie nun die Daten der Angebote (Lieferant, Listenpreis, Rabatt, Skonto und Lieferkosten) in den Eingabebereich ein. Sie können die Werte als €- oder %-Werte formatieren, indem Sie in der Befehlsgruppe Zahl auf die entsprechenden Symbole klicken (🛢 ▼ %). Mit den Symbolen ⬐ ⬏ können Sie ebenfalls die Anzahl der Nachkommastellen verändern.

Der Eingabebereich sollte jetzt wie folgt aussehen:

Artikel:	Leder		
Bestellmenge:	400		
Lieferant:	Kreative Stofffabrik	eco-substancja Polska	ChinaTex
Listenpreis	50,00 €	55,00 €	35,00 €
Rabatt	3,00%	12,00%	5,00%
Skonto	3,00%	3,00%	0,00%
Lieferkosten	100,00 €	- €	800,00 €

2. Schritt: Berechnungen mit Zellbezügen durchführen

Übernahme von Daten aus anderen Zellen (Zellbezüge herstellen):

- Übernehmen Sie die Namen der Lieferanten, die Sie bereits in den Eingabebereich eingegeben haben, in den Rechenbereich. Klicken Sie hierzu in die Zelle B14, beginnen Sie Ihren Befehl nun mit dem Gleichheitszeichen (=) und klicken Sie dann mit der Maus auf die Zelle B6.

Excel übernimmt hierdurch den Wert für die Zelle B14 aus der Zelle B6. Wenn Sie den Wert der Zelle B6 ändern, wird diese Änderung auch für die Zelle B14 übernommen. Diese automatische Übernahme von Werten wird in Excel **Zellbezug** genannt.

- Klicken Sie auf die Zelle B14 und bewegen Sie den Cursor in die untere rechte Ecke der Zelle B14, bis ein „+" erscheint. Halten Sie die Maustaste nun gedrückt und ziehen Sie die Zelle nach rechts bis zur Zelle D14.

Excel überträgt den Bezug aus der Zelle B14 (=B6) so auf die Zellen C14 (=C6) und D14 (=D6). Durch das Verschieben des Zellinhaltes von B14 nach rechts (auf die anderen beiden Spalten) hat Excel automatisch auch die Zellbezüge verschoben:

14	Lieferant:	Kreative Stofffabrik	eco-substancja Polska	ChinaTex

Mit Zellbezügen rechnen:

- In der Zelle B15 soll der Listenpreis für 400 m² Leder berechnet werden. Wenn Sie diese Rechnung in den Taschenrechner eintippen, lautet der Rechenweg 50 · 400 = 20 000.
- Excel kann hierzu die bereits eingegebenen Daten nutzen, indem wieder Zellbezüge hergestellt werden.
- Geben Sie in der Zelle B15 den Befehl =B7*B4 ein und drücken Sie auf die Enter-Taste.
- Excel multipliziert daraufhin die Werte aus den Zellen B7 und B4 miteinander.

Absolute (geschützte) Zellbezüge herstellen:

Wenn Sie den Befehl aus der Zelle B15 (=B7*B4) jetzt, wie bei den Namen der Lieferanten, nach rechts für die beiden anderen Lieferanten verschieben wollen (in Zelle B15 klicken → Cursor nach unten rechts bewegen → „+" erscheint → klicken → nach rechts ziehen), wird für die beiden anderen Lieferanten kein richtiger Wert angezeigt.

Was ist passiert? Warum wird kein richtiger Wert angezeigt?

- Die Werte aus Zelle B15 (=B7*B4) wurden jeweils um eine Spalte nach rechts verschoben:
  - C15: =C7*C4
  - D15: =D7*D4
- Das Problem liegt nun darin, dass in den Zellen C4 und D4 keine Werte vorhanden sind.

Lösung des Problems:

- Excel soll nur die Listenpreise verschieben (C7 und D7), die Bestellmenge (B4) aber nicht!
- **Verändern Sie den Befehl in Zelle B15 wie folgt: =B7*$B4**
- Das $-Zeichen vor der Spalte B sorgt dafür, dass der Wert aus Spalte B4 nicht nach rechts (oder links) auf andere Spalten verschoben wird.
- Wenn Sie die Werte aus Zelle B15 nun nach rechts verschieben, werden die richtigen Rechnungen übernommen:

Lieferant:	=B6	=C6	=D6
Listeneinkaufspreis (LEP)	=B7*$B4	=C7*$B4	=D7*$B4

Hinweis: Ein $-Zeichen vor der 4, also B$4, würde dafür sorgen, dass der Wert aus Spalte B4 nicht nach unten (oder oben) verschoben werden kann.

- Geben Sie nun die Rechenbefehle für den Rabatt, den Zieleinkaufspreis, den Skonto, den Bareinkaufspreis, die Bezugskosten, den Bezugspreisgesamt und den Bezugspreis/Stk. ein.

Hinweis: Wenn Sie mit Zellbezügen arbeiten, müssen Sie die Befehle nur einmal für den Lieferanten Kreative Stofffabrik eingeben. Danach können Sie die Befehle nach rechts auf die anderen beiden Lieferanten übertragen.
Achtung: Achten Sie bei dem Bezugspreis/Stk. auf den absoluten Zellbezug!

Ergebnis mit Werten:

Lieferant:	Kreative Stofffabrik	eco-substancja Polska	ChinaTex
Listeneinkau	20.000,00 €	22.000,00 €	14.000,00 €
- Rabatt	600,00 €	2.640,00 €	700,00 €
= Zieleinkaufs	19.400,00 €	19.360,00 €	13.300,00 €
- Skonto	582,00 €	580,80 €	- €
= Bareinkaufs	18.818,00 €	18.779,20 €	13.300,00 €
+ Bezugskoste	100,00 €	- €	800,00 €
= Bezugspreis	18.918,00 €	18.779,20 €	14.100,00 €
= Bezugspreis	47,30 €	46,95 €	35,25 €

Ergebnis in der Formelansicht:

Lieferant:	=B6	=C6	=D6
Listeneinkaufspreis (LEP)	=B7*$B4	=C7*$B4	=D7*$B4
- Rabatt	=B15*B8	=C15*C8	=D15*D8
= Zieleinkaufspreis (ZEP)	=B15-B16	=C15-C16	=D15-D16
- Skonto	=B17*B9	=C17*C9	=D17*D9
= Bareinkaufspreis	=B17-B18	=C17-C18	=D17-D18
+ Bezugskosten	=B10	=C10	=D10
= Bezugspreis gesamt	=B19+B20	=C19+C20	=D19+D20
= Bezugspreis / Stk.	=B21/$B4	=C21/$B4	=D21/$B4

Aufgaben

1. a) Vergleichen Sie Ihre Handlungsschritte aus der Situationsanalyse mit der in der PEPP GmbH vorhandenen Prozessbeschreibung „Beschaffung neuer Materialien" (Info 1) und ergänzen Sie die Schritte, die in Ihrer Situationsanalyse fehlen.
   b) Erstellen Sie anhand der Prozessbeschreibung „Beschaffung neuer Materialien" (Info 1) eine erweiterte Ereignisgesteuerte Prozesskette in PowerPoint.

2. a) Suchen Sie anhand der Lieferantenliste der PEPP GmbH und mithilfe des Internets (z. B. www.wlw.de) nach insgesamt drei potenziellen Lederlieferanten.
   Fügen Sie die neuen potenziellen Lieferanten in die Lieferantenliste der PEPP GmbH ein.
   Tragen Sie in die Spalte *Produkt* jeweils „Leder" und in die Spalte *Sonstiges* „Potenzieller Lieferant" ein.
   b) Nachdem Sie Herrn Hufschmied, Ihrem Vorgesetzen, die potenziellen Lieferanten präsentiert haben, bittet er Sie, zusätzlich noch die beiden folgenden Lieferanten in der Lieferantenliste als potenzielle Lieferanten zu ergänzen:

ChinaTex有害疫	eco-substancjaPolska S. A.
Songjiang District 邮政编码	Cukrowa 2
201620 Shanghai	71-004 Szczecin
China	Polen

   (Eine Lieferantennummer muss noch nicht vergeben werden.)

   c) Erstellen Sie nun die Anfragen an die infrage kommenden Lieferanten. Nutzen Sie hierzu den Geschäftsbriefvordruck der PEPP GmbH, die Info 3 „Inhalte einer Anfrage" (siehe Lernsituation 2.1.2 auf S. ■■■) sowie die Schulung 1 „Erstellen eines Serienbriefes in Word".

3. Nachdem Sie mehrere Anfragen verschickt haben, sind mittlerweile drei Angebote eingegangen.
   a) Übernehmen Sie die Vorlage zum quantitativen Angebotsvergleich (siehe unten) in Excel. Zur Hilfestellung können Sie die Schulung 2 verwenden.
   b) Tragen Sie die Daten aus den Angeboten in den Eingabebereich ein und entwickeln Sie dann die notwendigen Formeln im Rechenbereich, damit Excel automatisch den Bezugspreis pro Stück berechnet. Zur Hilfestellung können Sie die Schulung 2 nutzen.
   c) Treffen Sie eine begründete Entscheidung für einen Lieferanten. Erläutern Sie hierbei, welche Faktoren Sie zusätzlich zum Preis berücksichtigt haben.
   d) Schreiben Sie die Bestellung an den von Ihnen ausgewählten Lieferanten.

Lernsituation 2.2.2: Mangelhafte Lieferung

DAS IST GESCHEHEN

Nachdem Sie die Bestellung für das Leder verschickt haben erreicht die Lieferung die PEPP GmbH fristgerecht am heutigen Tag. Kurze Zeit nachdem die Lieferung angekommen ist, erhalten Sie die Wareneingangsmeldung des Lagers.

Wareneingangsmeldung			PEPP GmbH
von: Lager		an: Einkauf	
Artikelbezeichnung	**Menge**		**Lieferant**
Leder	300 m²		eco-substancja Polska S. A.

Beanstandung:

1. Lieferung von 300 statt 400 m²
2. 40 m² Leder weisen zum Teil Risse und Wasserflecken auf.

Datum: 16.05.20..	Unterschrift: *Luca Dede*

SITUATIONSANALYSE

1. Überlegen Sie sich zunächst, welches Ziel sich aus der Lernsituation ergibt. Beschreiben Sie dann die Schritte, die Sie unternehmen müssen, um das Ziel zu erreichen. Listen Sie auch die hierfür benötigten Informationen und Hilfsmittel auf und wo Sie diese finden. Nutzen Sie hierzu das Arbeitsblatt 1 „Situationsanalyse".

2. Vergleichen Sie Ihre Situationsanalyse mit den Analysen Ihrer Mitschüler und Ihres Lehrers. Ergänzen Sie Ihre Analyse, falls nötig.

3. Führen Sie nun die Schritte aus der Situationsanalyse durch, damit Sie Ihr Ziel erreichen.

Arbeitsblatt 1: Situationsanalyse Lernsituation 2.2.2

Welches Ziel soll ich erreichen?	Warum soll ich dieses Ziel erreichen?
Was muss ich tun, um das Ziel zu erreichen?	**Welche Informationen bzw. Hilfsmittel benötige ich dazu und wo finde ich diese?**

Beschaffung

INFO 4: MÄNGELRÜGE

Dem Käufer steht die Lieferung einer Ware zu, die weder Mängel in Menge und Art (z. B. zu wenig oder falsche Ware) noch Sachmängel (beschädigte Ware) aufweist.

Der Käufer ist verpflichtet (bei Handelskäufen), die gelieferte Ware unverzüglich zu prüfen und offene Mängel unverzüglich nach Prüfung und versteckte Mängel unverzüglich nach Entdeckung anzuzeigen. Dies geschieht in einer sogenannten Mängelrüge.

Auf Basis der Mängelrüge kann der Käufer Rechte geltend machen. So kann er z. B. die Nacherfüllung (Beseitigung des Mangels oder Lieferung einer mangelfreien Sache) verlangen. Bezeichnet der Käufer den Mangel nicht genau, so gilt die Ware als genehmigt. Es ist daher wichtig, den Mangel in der Mängelrüge genau zu beschreiben.

Aufbau einer Mängelrüge

Einleitung

Hier nehmen Sie Bezug auf Ihre Bestellung und die entsprechende fehlerhafte Lieferung der Ware.

Hauptteil

- Weisen Sie zunächst darauf hin, dass Sie die Ware unverzüglich, d. h. sofort nach Erhalt der Lieferung, auf Mängel überprüft haben.
- Beschreiben Sie die aufgetretenen Mängel so genau wie möglich.
- Erklären Sie dem Lieferanten die Folgen für das Unternehmen, welche sich aus dem Mangel ergeben.
- Schlagen Sie dem Lieferanten Möglichkeiten der Mängelbehebung vor. Setzen Sie dem Lieferanten in diesem Zusammenhang eine angemessene Frist, bis wann er den Mangel beheben soll, z. B.:
  - Wir bitten Sie, den fehlenden Artikel bis zum 15.07.20.. nachzuliefern.
  - Wir fordern Sie auf, die fehlerhafte Ware abzuholen und bis zum 15.07.20.. eine Ersatzlieferung vorzunehmen.

Schluss

Beenden Sie Ihre Mängelrüge mit einem abschließenden Appell an den Lieferanten, z. B.:

- Wir freuen uns, in dieser Angelegenheit innerhalb der nächsten fünf Geschäftstage von Ihnen zu hören.
- Wir erwarten, dass Sie umgehend alles tun werden, um die vereinbarte Leistung zu erbringen, und bitten um eine Stellungnahme bis zum 05.07.20.. .

Aufgabe

Erstellen Sie eine Mängelrüge an den Lieferanten eco-substancja Polska S. A. Übernehmen Sie die benötigten Informationen aus dem Angebot des Lieferanten und der Wareneingangsmeldung. Berücksichtigen Sie den Aufbau einer Mängelrüge (Info 4).

Kompetenzcheck – Beschaffungsprozesse

Ich kann ...	Ja sicher!	Geht so!	Muss ich noch üben!	Wie gehe ich vor, um mich zu verbessern?
den Prozess zur Beschaffung neuer Materialien beschreiben.				
den Prozess zur Beschaffung neuer Materialien mithilfe von PowerPoint in einer erweiterten EPK abbilden.				

eine Bezugsquellenermittlung (Lieferantensuche) mithilfe des Internets und weiterer Informationen (z. B. Lieferantenliste) durchführen.					
mithilfe eines Serienbriefes Anfragen an mehrere Lieferanten erstellen.					
eine Excel-Vorlage zur Durchführung des quantitativen Angebotsvergleichs entwickeln.					
einen quantitativen Angebotsvergleich mit Excel durchführen.					
erläutern, welche qualitativen Faktoren neben dem Preis Einfluss auf die Lieferantenauswahl haben.					
eine Bestellung formulieren.					
eine vollständige Mängelrüge erstellen.					

Übungsaufgabe Angebotsvergleich

Die Smart Accessoires GmbH produziert hochwertiges Zubehör für Smartphones, Tablets und Notebooks und vertreibt dieses weltweit. Die aktuellen Trends, welche die Bedürfnisse der Verbraucher beeinflussen, zwingen die Smart Accessoires GmbH, ihr Produktportfolio stetig zu überarbeiten.

Kürzlich durchgeführte Studien zum Verbraucherverhalten haben ergeben, dass die Verbraucher zunehmend ethische Aspekte in ihren Kaufentscheidungen berücksichtigen. Dabei spielt die Sorge um andere eine große Rolle. Die meisten der Befragten geben an, ethisch zu konsumieren, weil sie damit die Lebensqualität von Menschen (oder Tieren) erhöhen können. Aufgrund der Studienergebnisse hat die Geschäftsleitung der Smart Accessoires GmbH, Herr Schmidt, beschlossen, eine Handyhülle aus nachwachsenden Rohstoffen einzuführen. Bisher wurden lediglich Hüllen aus Kunststoff angeboten.

Um ein passendes Material für die neue Handyhülle zu finden, wurden bereits Angebote potenzieller Lieferanten eingeholt. Die Produktentwicklung hat einen Stoffbedarf von 200 lfd. Metern berechnet. Nach einer Vorauswahl stehen noch drei Angebote zur Verfügung (siehe Info 1). Außerdem haben Sie bereits Informationen über die verschiedenen Materialien eingeholt (Info 2).

a) Ermitteln Sie jeweils die Bezugspreise pro Stück der Lieferanten.
b) Schlagen Sie der Smart Accessoires GmbH unter Berücksichtigung der Aufgabenstellung und der Info 1 neben dem Bezugspreis drei weitere Kriterien zur Lieferantenauswahl vor und begründen Sie Ihren Vorschlag.
c) Vergleichen Sie die Lieferanten anhand Ihrer Kriterien stichpunktartig und treffen Sie anschließend eine begründete Entscheidung, für welchen Lieferanten Sie sich entscheiden. Nutzen Sie hierzu die Vorlage auf dem Arbeitsblatt 1.

INFO 1

Lieferant	Traumstoffe KG	eco-substancja Polska S. A.	Leinenweber KG
Artikel	Traumstoff Muster Sterne	Leder	Le105
Material	95 % Baumwolle, 5 % Elasthan, ca. 210g/m²	echtes Rindsleder	100 % Leinen ca. 280 g/m²
Preis	15,00 €/lfd. Meter	60,00 €/lfd. Meter	31,99 €/m
Rabatt	5 % ab 20 lfd. Meter	12 % ab 100 lfd. Meter	-
Zahlungsbedingung	30 Tage netto	10 Tage 3 %, 30 Tage netto	10 Tage 3 %, 30 Tage netto
Lieferbedingung	frei Haus	frei Haus	7,50 € je 10 lfd. Meter
Lieferzeit	sofort	5 Tage nach Auftragserteilung	sofort
Mindestabnahme	keine	100 lfd. Meter	keine
Zertifikate	ISO 9001 und 14001 (Qualitäts- und Umweltmanagementsystem)	ISO 9001 und 14001 (Qualitäts- und Umweltmanagementsystem)	Fairtrade
Sonstiges	kleines Unternehmen, am Telefon war nur wenig Zeit für Beratung, Mitarbeiter wirkte gestresst	langsame Angebotsbearbeitung	kostenlose Mustersendung, sehr gute Beratung

INFO 2: BAUMWOLLE UND LEINEN

Baumwolle

Die am häufigsten verwendete Naturfaser ist Baumwolle. Textilien aus Baumwolle sind strapazierfähig, reißfest, hautfreundlich sowie saugfähig und können bis zu 20 % ihres Eigengewichts an Feuchtigkeit aufnehmen, ohne sich nass anzufühlen. Baumwolle trocknet jedoch nur langsam und neigt zum Einlaufen.

Sie wird aus den Samenkapseln der Baumwollpflanze gewonnen und wächst meistens in riesigen Monokulturen – insbesondere in Indien, China und den USA. Leider werden beim Anbau große Mengen an Dünger und Pestiziden eingesetzt. In einigen Ländern wird Entlaubungsmittel verwendet, um die Baumwolle maschinell ernten zu können. Im kontrolliert biologischen Anbau wird auf jegliche Giftstoffe verzichtet, jedoch stammen von den rund 25 Mio. Tonnen Baumwolle, die jährlich angebaut werden, nur rund 1,1 % aus kontrolliert biologischer Erzeugung.

Leinen

Leinen wird aus den Stängeln der Flachspflanze gewonnen. Diese Bastfaser ist so fein wie die Baumwollfaser, aber viel reißfester. Heutzutage stammt Leinen größtenteils aus Europa, in den letzten Jahren wird es aber auch in China verstärkt angebaut. Leinenstoffe nehmen vergleichsweise wenig Schmutz auf und fusseln nicht. Nachteilig wirkt sich jedoch aus, dass das Material stark knittert.

Die Produktion von Leinen ist im Gegensatz zur Baumwolle mit wenig Chemikalieneinsatz (Dünger, Pestizide) und ohne moderne Technik möglich, allerdings ist sie aufwendig und arbeitsintensiv.

Quelle: Vgl. Ökotest (Hrsg.): XXX. In: Oekotest.de. 2011. www.oekotest.de/cgi/index.cgi?artnr=11124&gartnr=91&bernr=10&seite=00

Autor bitte Manuskript prüfen

Arbeitsblatt 1: Lieferantenvergleich

Kriterien	Vergleich		
	Traumstoffe KG	eco-substancja Polska S. A.	Leinenweber KG
Preis			
Entscheidung:			

Lernsituation 2.2.3: Beschaffungscontrolling

DAS IST GESCHEHEN

Herr Pape, Geschäftsführer der PEPP GmbH, hat Frau Walter (kaufmännische Leitung), Frau Schmitz (Leitung Rechnungswesen), Herrn Hufschmied (Leitung Einkauf) sowie Herrn Vollkorn (Leitung Verkauf) zu einer Besprechung eingeladen. Die Abteilungsleiter wurden mit dem folgenden Schreiben eingeladen:

Interne Mitteilung

An:	Susanne Schmitz, Ingo Hufschmied
Von:	Svenja Johansson (Assistentin der Geschäftsführung)
Thema:	Optimierung der Beschaffungsabwicklung und Lagerhaltung
Datum:	24.04.20..

Sehr geehrte Damen und Herren,

wie Sie ja bereits wissen, haben wir in den letzten sechs Wochen eine BWL-Studentin in unserem Unternehmen beschäftigt. Ihre Aufgabe bestand darin, Schwachstellen und Probleme im Bereich der Beschaffungsabwicklung und Lagerhaltung in unserem Unternehmen aufzudecken. Letzte Woche hat die Studentin ihre Ergebnisse vor der Geschäftsleitung präsentiert. Die Ergebnisse lassen sich folgendermaßen zusammenfassen:

	Probleme	Maßnahmen
1	Der PEPP GmbH fehlt eine Analyse, welche Materialien für die Produktion insgesamt benötigt werden und wie viel diese im Jahr kosten.	Nach der Durchführung einer entsprechenden Analyse (ABC-Analyse) sollten Einsparpotenziale für die besonders teuren Materialien ergriffen werden.
2	Der durchschnittliche Lagerbestand des Recyclingpapiers (Materialnummer 102) ist zu hoch (siehe Lagerkarte Material 102). Hierdurch entstehen zu hohe Lagerhaltungskosten. (Die durchschnittlichen Lagerbestände anderer Materialien wurden aufgrund der fehlenden Zeit noch nicht berechnet.)	Besonders für teure Materialien sollte der durchschnittliche Lagerbestand berechnet werden. Falls dieser zu hoch ausfällt, sollten Maßnahmen ergriffen werden, um den Lagerbestand zu senken, z. B. Ermittlung der optimalen Bestellmenge.

Um das genaue Vorgehen zur Lösung der aufgedeckten Probleme abzustimmen, lade ich Sie

    am 26.04.20..
    um 10:00 Uhr
    im Besprechungsraum 2

zu einer gemeinsamen Besprechung ein.

Herzliche Grüße

Svenja Johansson

Zu Beginn der Besprechung begrüßt Herr Pape die Abteilungsleiter und fasst die aufgedeckten Probleme noch einmal zusammen. Danach erkundigt er sich bei seinen Mitarbeitern nach deren Meinung zu den Problemen.

Pape: „Frau Müller, die BWL-Studentin, war ja nur sechs Wochen in unserem Unternehmen. Ich bin mir nicht sicher, ob wir die aufgedeckten Probleme wirklich so ernst nehmen müssen. Was sagen Sie denn dazu, Herr Hufschmied?"

Hufschmied: „Das stimmt, aber Frau Müller hat die Prozesse in unserem Unternehmen schon ziemlich genau unter die Lupe genommen, auch wenn sie dazu nur sechs Wochen Zeit hatte. Sie hat recht, bisher haben wir wirklich keine systematische Analyse erstellt, welche Materialien wir insgesamt für die Produktion benötigen, um daraus dann Einsparpotenziale abzuleiten. Die Idee finde ich aber wirklich gut. Deshalb habe ich alle benötigten Materialien auch schon in Excel aufgelistet (siehe Materialliste). Außerdem habe ich mir notiert, was als Nächstes getan werden muss, um die Materialien nach ihrem Wert zu analysieren (siehe Info ABC-Analyse)."

Schmitz: „Das hört sich doch super an. Auch wenn es uns finanziell gesehen nicht schlecht geht, führen Einsparungen ja direkt zur Steigerung des Gewinns. Wir sollten also auf jeden Fall prüfen, welche Möglichkeiten es zur Kosteneinsparung gibt! Auch dem zweiten Problem kann ich nur zustimmen. Je mehr Materialien wir auf Lager haben, desto weniger Geld haben wir für andere Investitionen zur Verfügung, bspw. für eine Marketingkampagne. Wir sollten daher nur so viel Material lagern wie nötig."

Hufschmied: „Einverstanden! Das heißt, wir müssen zunächst die durchschnittlichen Lagerbestände und die Lagerzinsen unserer Materialien und danach ggf. die optimalen Bestellmengen ermitteln. Das bedeutet allerdings ganz schön viel Arbeit!"

Pape: „Schön, es freut mich, dass wir alle an einem Strang ziehen. Herr Hufschmied, glücklicherweise unterstützt uns ab nächster Woche unser Azubi, er kann uns sicherlich bei den Maßnahmen helfen. Überprüfen Sie bitte auch nochmal die Kennzahlen, welche Frau Müller berechnet hat. Ich möchte sichergehen, dass sie keinen Fehler gemacht hat. Ich bitte Sie, mir Ihre Ergebnisse bis zum 19.05.20.. zu präsentieren. Vereinbaren Sie hierzu bitte einen Termin mit Frau Johansson."

SITUATIONSANALYSE

1. Versetzen Sie sich in die Rolle des Azubis der PEPP GmbH und überlegen Sie sich zunächst, welches Ziel sich aus der Lernsituation ergibt. Beschreiben Sie dann die Schritte, die Sie unternehmen müssen, um das Ziel zu erreichen. Listen Sie auch die hierfür benötigten Informationen und Hilfsmittel auf und wo Sie diese finden. Nutzen Sie hierzu das Arbeitsblatt 1 „Situationsanalyse".

2. Vergleichen Sie Ihre Situationsanalyse mit den Analysen Ihrer Mitschüler und Ihres Lehrers. Ergänzen Sie Ihre Analyse, falls nötig.

3. Führen Sie nun die Schritte aus der Situationsanalyse durch, damit Sie Ihr Ziel erreichen.

Beschaffung

Arbeitsblatt 1: Situationsanalyse Lernsituation 2.2.3

Welches Ziel soll ich erreichen?	Warum soll ich dieses Ziel erreichen?
Was muss ich tun, um das Ziel zu erreichen?	Welche Informationen bzw. Hilfsmittel benötige ich dazu und wo finde ich diese?

INFO 1: ABC-ANALYSE

Mithilfe der ABC-Analyse werden die eingesetzten Materialien in einem Unternehmen nach ihrem Wert analysiert. Die Materialien mit den höchsten Werten werden A-Güter genannt. Daneben gibt es noch die B- und C-Güter. Die PEPP GmbH arbeitet mit den folgenden relativen Wertanteilen der einzelnen Güter zur Einteilung der Materialien:

- A-Güter: Jahresverbrauchswert ab 10 %
- B-Güter: Jahresverbrauchswert ab 5 % bis unter 10 %
- C-Güter: Jahresverbrauchswert unter 5 %

Vorgehen zur Erstellung der ABC-Analyse (siehe auch Schulung ABC-Analyse mit WENN-Funktion):

1. Aufnahme der gesamten Artikel mit benötigter Menge und Artikelpreis in eine (Excel-)Liste
2. Berechnung der gesamten Jahresverbrauchsmenge (Summe) aller Artikel
3. Berechnung des relativen Mengenanteils pro Artikel an der Gesamtmenge (Jahresverbrauchsmenge in Prozent)
4. Berechnung des Wertes pro Artikel (Jahresverbrauchswert in Euro = Menge · Artikelpreis)
5. Berechnung der Summe aller Gesamtwerte der Artikel
6. Berechnung des relativen Wertanteils pro Artikel an dem Gesamtwert (Jahresverbrauchswert in Prozent)
7. Sortieren der Artikel nach ihrem Gesamtwert (absteigend)
8. Kumulieren (Aufsummieren) der relativen Mengenanteile
9. Kumulieren (Aufsummieren) der relativen Wertanteile
10. Aufteilung in A-, B- oder C-Artikel gemäß den Grenzwerten der PEPP GmbH

Nach Durchführung der ABC-Analyse sollten besonders für die A-Güter Maßnahmen getroffen werden, um alle anfallenden Kosten (z. B. Materialkosten, Lagerhaltungskosten) zu senken und die Qualität der Materialien zu gewährleisten.

Wenn die Prozentanteile aller Materialien einer Kategorie addiert werden, ergibt sich die folgende Verteilung der Wert- und Mengenanteile der A-, B- und C-Güter:

Kategorie	Summierter Anteil am Jahresverbrauchswert	Summierter Anteil an der Jahresverbrauchsmenge
A-Gut	hoher Anteil	geringer Anteil
B-Gut	mittlerer Anteil	mittlerer Anteil
C-Gut	geringer Anteil	hoher Anteil

Beschaffung

Arbeitsblatt 2: ABC-Analyse 1/2

Materialnummer	Beschreibung	Jahresverbrauch in kg	Einkaufspreis je kg	Jahresverbrauchsmenge in %	Jahresverbrauchswert in €	Jahresverbrauchswert in %	Rang
101	Recyclingpapier 135 g/m²	2 300,00	1,30 €				
102	Recyclingpapier 100 g/m²	5 000,00	0,60 €				
103	Recyclingkarton für Kartonbecher	900,00	3,00 €				
104	Recyclingkarton für Doppelwandbecher	700,00	3,00 €				
105	Recyclingkarton für Bierdeckel	500,00	4,00 €				
106	Recyclingpapier für Servietten	330,00	1,50 €				
107	Recyclingpapier, reißfest, für IdentKontroller	75,00	2,00 €				
108	Recyclingpapier, schwer entflammbar, blau	35,00	4,00 €				
109	Recyclingpapier, schwer entflammbar, gelb	45,00	4,00 €				
110	Recyclingpapier, schwer entflammbar, grün	75,00	4,00 €				
111	Recyclingpapier, schwer entflammbar, orange	56,00	4,00 €				
112	Recyclingpapier, schwer entflammbar, violett	15,00	4,00 €				
113	Recyclingpappe für Papierteller	800,00	2,00 €				
114	Recyclingpappe für Pappaufsteller	80,00	3,00 €				
115	Cellulosepapier, schwer entflammbar	200,00	4,00 €				
201	Vepackungsschachtel für Minifahnen	45,00	3,00 €				
202	Verpackungsbeutel für Fahnen- und Wimpelketten	5,00	10,00 €				

203	Verpackungsbeutel für Minifahnen			9,00	10,00 €	
204	Verpackungsbeutel für Papiergirlanden			6,00	10,00 €	
205	Verpackungsfolie für Luftschlangen			10,00	8,00 €	
206	Verpackungskarton für Papierfahne			125,00	10,00 €	
207	Verpackungskarton, groß, für Laternen			95,00	10,00 €	
208	Verpackungskarton, klein, für Laternen			55,00	10,00 €	
301	Vinyl-Bänder für Ident-Kontroller			15,00	20,00 €	
302	Druckknopf für Ident-Kontroller			5,00	5,00 €	
302	Plastikstab 50 cm für Papierfahnen			5,00	2,00 €	
303	Kunstseidenschnur			10,00	10,00 €	
401	Holzpicker für Minifahnen			10,00	10,00 €	
501	Metallhalterung für Pappaufsteller			250,00	65,00 €	
601	Kleber für Papier			450,00	42,99 €	
602	Kleber, universal			600,00	46,99 €	
701	Druckfarbe, blau			340,00	25,00 €	
702	Druckfarbe, gelb			380,00	25,00 €	
703	Druckfarbe, rot			350,00	27,50 €	
704	Druckfarbe, schwarz			500,00	36,95 €	
801	Luftballons, rund			400,00	20,00 €	
802	Luftballons in Herzform			250,00	45,00 €	
803	Luftballons, ellipsoid			100,00	22,00 €	
	Summe					

Beschaffung

Arbeitsblatt 3: ABC-Analyse 2/2

Materialnummer	Jahresverbrauchsmenge in %	Jahresverbrauchswert in %	Kumulierte Jahresverbrauchsmenge in %	Kumulierter Jahresverbrauchswert in %	Kategorie A-, B- oder C-Gut

Lernsituation 2.2.3: Beschaffungscontrolling

Schulung 1: ABC-Analyse in Excel erstellen (verschachtelte WENN-Funktion)

1. Schritt: Berechnung der gesamten Jahresverbrauchsmenge

Öffnen Sie die Datei *Vorlage ABC-Analyse.xlsx* und berechnen Sie die gesamte Jahresverbrauchsmenge (Summe) aller Artikel. Klicken Sie hierzu in Zelle C40 und geben Sie die Formel *=SUMME(C2:C39)* ein.

Sie können den Bereich C2 bis C39 auswählen, indem Sie diesen mit der Maus auswählen. Klicken Sie, nachdem Sie die erste Klammer geöffnet haben, auf die Zelle C2 und ziehen Sie den Bereich mit gedrückter linker Maustaste bis zur Zelle C39 herunter. Schließen Sie anschließend die Klammer und drücken Sie die Enter-Taste. Danach erscheint das Ergebnis 15 126,00.

2. Schritt: Berechnung der relativen Mengenanteile pro Artikel an der Gesamtmenge

- Geben Sie der Zelle E1 die Spaltenüberschrift „Jahresverbrauchsmenge in %".
- Wählen Sie die Zelle E1 aus und klicken Sie in der Befehlsgruppe *Ausrichtung* auf das Symbol *Zeilenumbruch*. Formatieren Sie die Spaltenüberschrift **fett** und trennen Sie die Überschrift manuell durch einen Bindestrich (Jahresver-brauchsmenge in %).
- Berechnen Sie den relativen Mengenanteil je Artikel, indem Sie in Zelle E2 die Formel *=C2/$C$40* eingeben. Formatieren Sie den Wert als Prozentzahl mit zwei Nachkommastellen und übertragen Sie die Formel auf die anderen Artikel (Zelle E2 auswählen, dann Doppelklick auf das Kreuz unten rechts in der Zelle E2).

3. Schritt: Berechnung des absoluten Wertes pro Artikel

- Geben Sie der Zelle F1 die Spaltenüberschrift „Jahresverbrauchswert in EUR".
- Nehmen Sie, wie in Schritt 2, den Zeilenumbruch und die Silbentrennung vor.
- Berechnen Sie den absoluten Wert je Artikel, indem Sie in Zelle F2 die Formel *=C2*D2* eingeben. Formatieren Sie den Wert als Währung (€) mit zwei Nachkommastellen und übertragen Sie die Formel auf die anderen Artikel.

4. Schritt: Berechnung der Summe der Jahresverbrauchswerte

Berechnen Sie in Zelle F4 mithilfe der Summenfunktion (siehe Schritt 1) die Summe der Jahresverbrauchswerte *(=SUMME(F2:F39))*.

5. Schritt: Berechnung des relativen Wertanteils pro Artikel am Gesamtwert

- Geben Sie der Zelle G1 die Spaltenüberschrift „Jahresverbrauchswert in %" und nehmen Sie den Zeilenumbruch sowie die Worttrennung vor.
- Berechnen Sie den relativen Mengenanteil je Artikel, indem Sie in Zelle G2 die Formel *=F2/$F$40* eingeben. Formatieren Sie den Wert als Prozentzahl mit zwei Nachkommastellen und übertragen Sie die Formel auf die anderen Artikel.

6. Schritt: Sortieren der Artikel nach ihrem Gesamtwert (absteigend)

- Markieren Sie die Tabelle von Zelle A1 bis Zelle G39 (nicht die beiden Summen aus Zeile 40 mit markieren).
- Wählen Sie im Register *Start* in der Befehlsgruppe *Bearbeiten* das Drop-down-Menü *Sortieren und Filtern* aus und klicken hier mit der linken Maustaste auf das Feld *Benutzerdefiniertes Sortieren*.
- Wählen Sie im neuen Fenster in den drei Drop-down-Menüs die folgenden Möglichkeiten:
  - *Spalte – Sortieren nach: Jahresverbrauchswert in %*
  - *Sortieren nach: Werte*
  - *Reihenfolge: Nach Größe (absteigend)*
- Bestätigen Sie Ihre Auswahl mit *OK*.

7. Schritt: Kumulieren (sukzessives Summieren) der relativen Mengenanteile

- Geben Sie der Zelle H1 die Spaltenüberschrift „Kumulierte Jahresverbrauchsmenge in %" und nehmen Sie den Zeilenumbruch sowie die Worttrennung vor.
- Geben Sie in Zelle H2 den Bezug zur Zelle E2 ein *(=E2)*.
- Die kumulierte Menge der ersten beiden Materialien ergibt sich aus der Summe der Jahresverbrauchsmengen der ersten beiden Materialien. Die kumulierte Menge der ersten drei Materialien ergibt sich aus der Summe der Jahresverbrauchsmengen der ersten drei Materialien usw.
- Geben Sie daher in Zelle H3 die Formel *=H2+E3* ein und übertragen Sie die Formel auf die gesamte Spalte (Zelle H3 auswählen, dann Doppelklick auf das Kreuz unten rechts in der Zelle H3).
- In Zelle H39 sollte jetzt der Wert „100 %" erscheinen.

8. Schritt: Kumulieren (sukzessives Summieren) der relativen Wertanteile

- Geben Sie der Zelle I1 die Spaltenüberschrift „Kumulierter Jahresverbrauchswert in %" und nehmen Sie den Zeilenumbruch sowie die Worttrennung vor.
- Führen Sie die Kumulierung für die Wertanteile durch (entsprechendes Vorgehen wie bei Schritt 7).

9. Schritt: Aufteilung in A-, B- oder C-Artikel gemäß den Grenzwerten der PEPP GmbH mithilfe der verschachtelten WENN-Funktion

- Geben Sie der Zelle J1 die Spaltenüberschrift „Kategorie".
- **Wenn** der Jahresverbrauchswert eines Materials größer als 10 % ist, **dann** soll in der entsprechenden Zelle ein „A-Gut" erscheinen.
- **Wenn** der Jahresverbrauchswert eines Materials größer als 5 % ist, **dann** soll in der entsprechenden Zelle ein „B-Gut" erscheinen.
- Wenn das Material weder ein „A-Gut" noch ein „B-Gut" ist, bleibt nur noch das „C-Gut" übrig.

Diese Einteilung kann in Excel automatisch mithilfe der sogenannten verschachtelten WENN-Funktion erfolgen. Weil die verschachtelte WENN-Funktion relativ kompliziert ist, wird die Einteilung der Güter zuerst vereinfacht dargestellt.

Schritt 9.1: Vereinfachung mit der einfachen WENN-Funktion

Wir gehen zur Vereinfachung erst einmal davon aus, dass es nur A- und B-Güter geben würde.

Die einfache WENN-Funktion soll nun prüfen, ob der Jahresverbrauchswert eines Materials größer als 10 % ist. **Wenn** das **wahr** ist, **dann** soll in der Zelle ein „A-Gut" erscheinen. Wenn das falsch ist, dann soll ein „B-Gut" erscheinen.

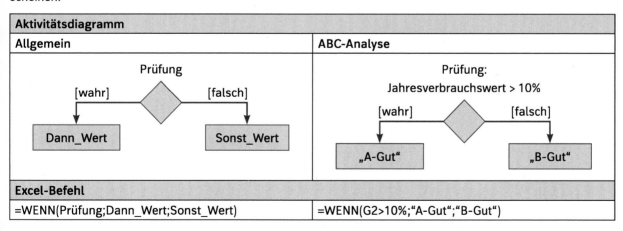

- Geben Sie in der Zelle J2 die Funktion *=WENN(G2>10%;"A-Gut";"B-Gut")* ein. Damit Excel das A- und B-Gut als Text erkennt, müssen Sie es in Anführungsstriche („ ") setzen.
- Übertragen Sie die Funktion auf die gesamte Spalte (Zelle J2 auswählen, dann Doppelklick auf das Kreuz unten rechts in der Zelle J2).

> Achtung: Excel hat nun alle Materialien mit einem Wert von über 10 % als A-Gut kategorisiert und alle anderen Güter als B-Gut.
> Auch Güter, deren Wert kleiner als 5 % ist, wurden als B-Güter eingeteilt. Diese sind aber C-Güter!

Schritt 9.2: Berücksichtigung der C-Güter mit der verschachtelten WENN-Funktion

Wenn die erste Prüfung ergibt, dass es sich um ein A-Gut handelt, bleiben noch zwei weitere Möglichkeiten übrig. Das Material kann ein B- oder ein C-Gut sein. Damit Excel diese beiden Möglichkeiten automatisch überprüfen kann, wird die verschachtelte WENN-Funktion genutzt.

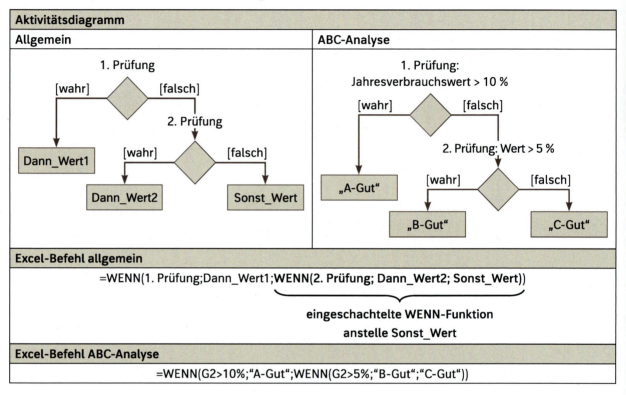

Ändern Sie den Sonst_Wert der bisherigen WENN-Funktion in Zelle J2 durch die eingeschachtelte WENN-Funktion und übertragen Sie die Funktion erneut auf die gesamte Spalte.

INFO 2: LAGERKENNZAHLEN

Lagerkennzahlen werden berechnet, um einen Überblick über die Wirtschaftlichkeit des Lagers zu erhalten. Die Kennzahlen beziehen sich i. d. R. auf ein Jahr.

Von besonderer Bedeutung sind die sogenannten **Lagerzinsen**. Lagerzinsen sind Kosten, die entstehen, weil Waren gelagert werden.

Auf der einen Seite können Kosten in Form von Zinsen entstehen, wenn sich das Unternehmen Geld leihen muss (Kredit), um die Waren zu bezahlen. Dies ist dann der Fall, wenn die Ware bereits im Vorfeld bezahlt werden muss. Die Zinsen muss das Unternehmen dann für den Zeitraum zahlen, in welchem die Ware gelagert wird (Ø Lagerdauer). Hierbei geht man davon aus, dass der Kredit dann zurückgezahlt wird, wenn die Ware das Lager verlässt, weil das Unternehmen dann z. B. die Kaufpreiszahlung eines Kunden für die ausgelagerte Ware erhält.

Auf der anderen Seite kann das Geld, mit dem die Ware bezahlt wurde, nicht für andere Investitionen, welche Gewinn erzielen würden, verwendet werden. Diese Kosten werden dann als Opportunitätskosten bezeichnet.

Damit die Lagerzinsen allerdings berechnet werden können, müssen zuerst die folgenden Kennzahlen bestimmt werden.

Durchschnittlicher Lagerbestand

Der durchschnittliche Lagerbestand gibt an, welche Menge über ein Jahr durchschnittlich gelagert wird.

$$\varnothing \text{ Lagerbestand} = \frac{\text{Anfangsbestand} + 12 \text{ Monatsendbestände}}{13}$$

Durchschnittlicher Lagerbestand in Euro (durchschnittlicher Lagerwert)

Der durchschnittliche Lagerbestand in Euro gibt den Wert der durchschnittlich gelagerten Menge an.

$$\varnothing \text{ Lagerbestand in Euro} = \varnothing \text{ Lagerbestand} \cdot \text{Einkaufspreis}$$

Materialverbrauch

Der Materialverbrauch ergibt sich aus den Lagerabgängen bzw. Materialentnahmen innerhalb eines Jahres.

$$\text{Materialverbrauch} = \text{Summe}(\text{Materialentnahme 1}, \text{Materialentnahme 2}, \ldots)$$

Umschlagshäufigkeit

Die Umschlagshäufigkeit gibt an, wie oft der durchschnittliche Lagerbestand innerhalb eines Jahres verbraucht und somit ausgetauscht wird. Wenn die Umschlagshäufigkeit bspw. 2 beträgt, wird die doppelte Menge des durchschnittlichen Lagerbestandes in einem Jahr verbraucht.

$$\text{Umschlagshäufigkeit} = \frac{\text{Materialverbrauch}}{\varnothing \text{ Lagerbestand}}$$

Durchschnittliche Lagerdauer

Die durchschnittliche Lagerdauer gibt den Zeitraum an, wie lange die Waren durchschnittlich im Lager liegen, bevor sie entnommen werden. Hierbei wird zur Vereinfachung angenommen, dass ein Jahr nur 360 Tage hat.

$$\varnothing \text{ Lagerdauer} = \frac{360}{\text{Umschlagshäufigkeit}}$$

Lagerzinsen

Die Lagerzinsen gegen die durch die Lagerung entstandenen Kosten an (siehe oben).

$$\text{Lagerzinsen} = \frac{\varnothing \text{ Lagerbestand in Euro} \cdot \varnothing \text{ Lagerdauer} \cdot \text{Marktzinssatz}}{360}$$

Arbeitsblatt 4: Lagerkennzahlen

Lagerkarte			
Material:		102	Recyclingpapier 100 g/m²
Einkaufspreis:		0,60 €	
Marktzinssatz:		12 %	
Datum	Beschreibung	Menge	Lagerbestand
01.01.20..	Anfangsbestand		1.200
10.01.20..	Wareneingang	900	2.100
31.01.20..	Monatsendbestand		2.100
14.02.20..	Materialentnahme Produktion	−1.200	900
20.02.20..	Wareneingang	1.500	2.400
28.02.20..	Monatsendbestand		2.400

Datum	Beschreibung	Menge	Lagerbestand
16.03.20..	Wareneingang	600	3.000
31.03.20..	Monatsendbestand		3.000
24.04.20..	Materialentnahme Produktion	−400	2.600
30.04.20..	Monatsendbestand		2.600
17.05.20..	Wareneingang	800	3.400
22.05.20..	Materialentnahme Produktion	−300	3.100
27.05.20..	Wareneingang	500	3.600
31.05.20..	Monatsendbestand		3.600
06.06.20..	Materialentnahme Produktion	−700	2.900
25.06.20..	Materialentnahme Produktion	−200	2.700
30.06.20..	Monatsendbestand		2.700
02.07.20..	Wareneingang	1.000	3.700
30.07.20..	Materialentnahme Produktion	−900	2.800
31.07.20..	Monatsendbestand		2.800
15.08.20..	Materialentnahme Produktion	−400	2.400
31.08.20..	Monatsendbestand		2.400
03.09.20..	Wareneingang	600	3.000
30.09.20..	Monatsendbestand		3.000
14.10.20..	Materialentnahme Produktion	−400	2.600
25.10.20..	Wareneingang	800	3.400
31.10.20..	Monatsendbestand		3.400
14.11.20..	Materialentnahme Produktion	−200	3.200
30.11.20..	Monatsendbestand		3.200
12.12.20..	Materialentnahme Produktion	−300	2.900
31.12.20..	Monatsendbestand		2.900

Kennzahl	Formel	Rechenweg
Ø Lagerbestand in kg		
Ø Lagerbestand in Euro		
Materialverbrauch		
Umschlagshäufigkeit		
Ø Lagerdauer		
Lagerzinsen		

INFO 3: OPTIMALE BESTELLMENGE

Unter der optimalen Bestellmenge versteht man die Menge je Bestellung, bei der die Summe aus Bestell- und Lagerhaltungskosten am niedrigsten ist.

Die optimale Bestellmenge kann jedoch nach oben (wenn bspw. in der Zukunft hohe Preissteigerungen zu erwarten sind) oder nach unten (z. B. bei einem erwarteten Absatzrückgang) korrigiert werden.

Bei der optimalen Bestellmenge handelt es sich allerdings nur um ein Modell, welches lediglich unter den folgenden Voraussetzungen gilt:

- Lagerhaltungskosten sind von der gelagerten Menge abhängig (z. B. 12 % vom durchschnittlichen Lagerwert).
- Bestellkosten sind von der Bestellmenge unabhängig, d. h., dass sie pro Bestellung einmal anfallen, egal, wie viel bestellt wird (z. B. 50,00 € pro Bestellung).
- Im Modell gibt es keine Mengenrabatte.
- Es gibt keine Mindestabnahmemengen.
- Es gibt keine Transportkostenstaffelung (z. B. ab 500 Stk. keine Lieferkosten).

- Der Jahresbedarf ist genau bekannt.
- Es gibt keine Beschränkungen hinsichtlich der Lagerung.
- Die Einkaufspreise sind während der Planungsperiode (meistens ein Jahr) gleich hoch.
- Es wird von einem gleichmäßigen Materialverbrauch während des Planungszeitraumes ausgegangen.

Bestellkosten	Lagerhaltungskosten
Kosten sind von der Bestellmenge unabhängig und fallen pro Bestellung an!	Kosten sind von der gelagerten Menge abhängig!
Beispiele für Bestellkosten:	**Beispiele für Lagerhaltungskosten:**
Interne Kosten: - Personalkosten - Sachkosten (z. B. Büromaterial) - EDV-Kosten (z. B. PC, Lagerhaltungssoftware) - Kosten für die Wareneingangsabwicklung und Qualitätsprüfung - Kosten für die Rechnungsprüfung Externe Kosten: - Transportkosten - Abwicklungskosten	Lagerkosten *(problematisch im Modell!)*: - Lagerraumkosten (z. B. Raummiete) - Lagerpersonalkosten - Lagergemeinkosten (z. B. Versicherung, Instandhaltung, Reinigung) Kapitalbindungskosten: - (fehlende) Verzinsung des im Lager gebundenen Kapitals Obsoleszenzkosten: - Kosten aufgrund von Alterung, Verderb, Schwund

Arbeitsblatt 5: Optimale Bestellmenge

Artikel: _____

Jährliche Beschaffungsmenge: _____

Kosten je Bestellung: _____

Lagerhaltungskostensatz: _____

Einkaufspreis (EKP): _____

> **Lösungshinweise:**
> Bestellmenge (in Stk.) = jährliche Beschaffungsmenge : Bestellhäufigkeit
> Durchschnittlicher Lagerbestand (in Stk.) = Bestellmenge : 2
> Durchschnittlicher Lagerbestand (in Euro) = (Bestellmenge : 2) · EKP
> Lagerhaltungskosten pro Jahr = durchschnittlicher Lagerbestand (in Euro) · Lagerhaltungskostensatz
> Bestellkosten = Bestellhäufigkeit · Kosten je Bestellung
> Beschaffungskosten pro Jahr = Lagerhaltungskosten pro Jahr + Bestellkosten pro Jahr

Bestell-häufig-keit	Bestell-menge	Durchschnittl. Lagerbestand (in Stk.)	Durchschnittl. Lagerbestand (in €)	Lagerhaltungs-kosten pro Jahr	Bestellkosten pro Jahr	Beschaffungs-kosten pro Jahr
1						
2						
3						
4						
5						

Bestell-häufig-keit	Bestell-menge	Durchschnittl. Lagerbestand (in Stk.)	Durchschnittl. Lagerbestand (in €)	Lagerhaltungs-kosten pro Jahr	Bestellkosten pro Jahr	Beschaffungs-kosten pro Jahr
6						
7						
8						
9						
10						
11						
12						

Schulung 2: Erstellen von Diagrammen in Excel

1. Schritt: Auswahl der Daten

- Markieren Sie in der Tabelle zur Berechnung der optimalen Bestellmenge die Spalte *Bestellmenge (B19:B31)*,
- halten Sie die Strg-Taste gedrückt und
- markieren Sie dann auf einmal die Spalten *Lagerhaltungskosten pro Jahr*, *Bestellkosten pro Jahr* und *Beschaffungskosten pro Jahr (E19:G31)*.

	Bestell-häufig-keit	Bestell-menge	Durchschnittl. Lagerbestand (Stk.)	Durchschnittl. Lagerbestand (EUR)	Lagerhaltungs-kosten pro Jahr	Bestellkosten pro Jahr	Beschaffungs-kosten pro Jahr
19							
20	1	600	300	14.097,00 €	1.691,64 €	45,00 €	1.736,64 €
21	2	300	150	7.048,50 €	845,82 €	90,00 €	935,82 €
22	3	200	100	4.699,00 €	563,88 €	135,00 €	698,88 €
23	4	150	75	3.524,25 €	422,91 €	180,00 €	602,91 €
24	5	120	60	2.819,40 €	338,33 €	225,00 €	563,33 €
25	6	100	50	2.349,50 €	281,94 €	270,00 €	551,94 €
26	7	86	43	2.013,86 €	241,66 €	315,00 €	556,66 €
27	8	75	38	1.762,13 €	211,46 €	360,00 €	571,46 €
28	9	67	33	1.566,33 €	187,96 €	405,00 €	592,96 €
29	10	60	30	1.409,70 €	169,16 €	450,00 €	619,16 €
30	11	55	27	1.281,55 €	153,79 €	495,00 €	648,79 €
31	12	50	25	1.174,75 €	140,97 €	540,00 €	680,97 €

2. Schritt: Wahl des Diagrammtyps

Wählen Sie im Register *Einfügen* in der Befehlsgruppe *Diagramme* das Dropdown-Menü *Punkt (XY)- oder Blasendiagramm einfügen* aus und klicken Sie hier mit der linken Maustaste auf die Diagrammart *Punkte mit interpolierten Linien und Datenpunkten*.

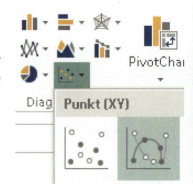

3. Schritt: Diagramm formatieren

- Verschieben Sie das Diagramm, bevor Sie es formatieren, in ein separates Tabellenblatt und geben Sie diesem Tabellenblatt den Namen *Diagramm Optimale Bestellmenge*. Klicken Sie hierzu in der Registerkarte *Diagrammtools – Entwurf* auf die Schaltfläche *Diagramm verschieben*. Es wird das Kontextmenü *Diagramm verschieben* geöffnet.

- Vergeben Sie den Diagrammtitel *Optimale Bestellmenge* und formatieren Sie den Text **fett**.
- Geben Sie der x-Achse den Titel *Bestellmenge pro Bestellung in Stück*. Klicken Sie hierzu in der Befehlsgruppe *Diagrammlayouts* auf das Drop-down-Menü *Diagrammelement hinzufügen* und wählen Sie dann die Schaltfläche *Achsentitel – Primär horizontal* aus.
- Formatieren Sie die x-Achse, indem Sie mit der rechten Maustaste zunächst auf eine beliebige Zahl der x-Achse (z. B. 300) klicken und dann *Achse formatieren* auswählen. Geben Sie im Kontextmenü *Achse formatieren – Achsenoptionen* die folgenden Werte ein:
  - Minimum: 0
  - Maximum: 640
  - Hauptintervall: 50
  - Hilfsintervall: 25

  Klicken Sie nun erneut mit der rechten Maustaste auf die x-Achse und fügen Sie das Hilfsgitternetz hinzu *(Hilfsgitternetz hinzufügen)*.

- Formatieren Sie die y-Achse entsprechend, indem Sie die folgenden Werte festlegen:
  - Minimum: 0
  - Maximum: 1900
  - Hauptintervall: 200
  - Hilfsintervall: 100

  Fügen Sie auch hier das Hilfsgitternetz hinzu.

- Rufen Sie für die x- und y-Achse nacheinander erneut das Menü *Achse formatieren* auf, klicken Sie auf den Farbeimer (**Füllung und Linie**) und formatieren Sie die Linie jeweils wie folgt:
  - einfarbige Linie
  - Farbe Schwarz
  - Endpfeiltyp Pfeil

- Formatieren Sie alle Schriftarten schwarz:
  - Achsenwerte: *Achse formatieren → Textoptionen → Farbe* Schwarz
  - Diagramm- und Achsentitel: *Diagrammtitel* bzw. *Achsentitel formatieren* → siehe oben
  - Legende: *Legende formatieren* → siehe oben

- Da die Spaltenüberschriften in der Datenquelle teilweise manuell eingefügte Bindestriche enthalten, z. B. „Lagerhaltungs-kosten" (Excel verfügt über keine automatische Silbentrennung), erscheinen diese auch in der Legende.

  Um diesen Fehler zu korrigieren, klicken Sie mit der rechten Maustaste auf das Diagramm und dann auf *Daten auswählen*.

  Klicken Sie im Kontextmenü *Datenquelle auswählen* nun auf den zu korrigierenden Legendeneintrag (z. B. „Lagerhaltungs-kosten pro Jahr") und dann auf *Bearbeiten*. Vergeben Sie nun den Reihennamen „Lagerhaltungskosten pro Jahr". Wiederholen Sie das Vorgehen für den Legendeneintrag „Beschaffungs-kosten pro Jahr".

Beschaffung

Das Diagramm sollte nun folgendermaßen aussehen:

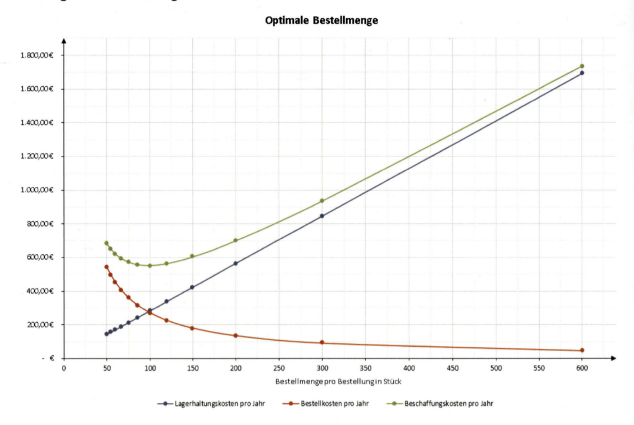

Hinweis: Um die Übersichtlichkeit des Diagramms zu erhöhen, könnten Sie die Achsenoptionen bspw. nun wie folgt ändern:

- x-Achse: Minimum 50, Maximum 310
- y-Achse: Maximum 990, Hauptintervall 100, Hilfsintervall 50

Das Diagramm sollte dann folgendermaßen aussehen:

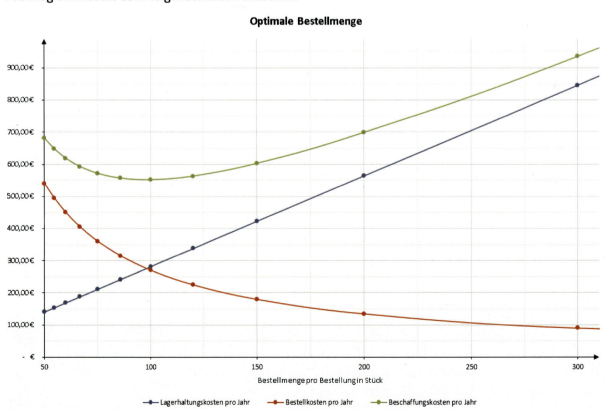

Lernsituation 2.2.3: Beschaffungscontrolling

Aufgaben

1. ABC-Analyse

   a) Führen Sie anhand der Materialliste von Herrn Hufschmied eine ABC-Analyse in Papierform durch. Nutzen Sie hierzu die Info 1 zur ABC-Analyse sowie die Arbeitsblätter 2 und 3 zur ABC-Analyse.

   b) Überlegen Sie, welcher Schritt zur Erstellung der ABC-Analyse viel einfacher automatisch von Excel erledigt werden kann, und erstellen Sie die ABC-Analyse danach in Excel.
   Nehmen Sie hierzu die Vorlage *ABC-Analyse.xlsx* und die Schulung 1 „ABC-Analyse in Excel erstellen" zur Hilfe.

2. Lagerkennzahlen und optimale Bestellmenge

   a) Kontrollieren Sie die von Frau Müller berechneten Lagerkennzahlen für das Material 102 „Recyclingpapier 100 g/m²", indem Sie die Kennzahlen nachrechnen. Nutzen Sie die Info 2 „Lagerkennzahlen" sowie das Arbeitsblatt 4 „Lagerkennzahlen".
   Ergebnisse von Frau Müller:

Ø Lagerbestand in kg	Ø Lagerbestand in €	Materialverbrauch	Umschlagshäufigkeit	Ø Lagerdauer	Lagerzinsen
2.715,38	1 629,23	5 000	1,84	195,51	106,18

   b) Berechnen Sie die Lagerkennzahlen für das A-Gut 602 „Kleber, universal" in Excel. Nutzen Sie hierzu die Datei *Lagerkarte mit Lagerkennzahlen_Kleber universal_Vorlage.xlsx*.

   c) Berechnen Sie die optimale Bestellmenge für das Material 602 „Kleber, universal", um die Lagerhaltung zu optimieren. Die Bestellkosten je Bestellung betragen 45,00 € und der Lagerhaltungskostensatz liegt bei 12,00 %. Es werden jährlich 600 kg Kleber benötigt, der Einkaufspreis liegt bei 46,99 €.

   c1) Bestimmen Sie die optimale Bestellmenge zunächst handschriftlich mithilfe der Info 3 „Optimale Bestellmenge" und des Arbeitsblattes 5 zur optimalen Bestellmenge.

   c2) Übertragen Sie das Arbeitsblatt nun in Excel und führen Sie die Berechnungen mit Formeln und Zellbezügen durch.

   c3) Erstellen Sie ein Diagramm, welches die Lagerhaltungskosten, die Bestellkosten sowie die Beschaffungskosten in Abhängigkeit von der Bestellmenge abbildet. Nutzen Sie hierzu die Schulung 2 „Erstellung von Diagrammen in Excel".

   d) Damit die Lagerkosten gesenkt werden können, will die PEPP GmbH den Kleber 602 ab dem nächsten Jahr nur noch sechsmal pro Jahr bestellen. Der erste Wareneingang soll am 01.02. des Jahres erfolgen. Außerdem sollen die Materialentnahmen der Produktion gleichmäßig verteilt werden. So sollen ab dem nächsten Jahr jeweils 50 kg zum 15. eines jeden Monats entnommen werden.
   Überprüfen Sie, ob die geplanten Änderungen zu einer entsprechenden Senkung der Lagerzinsen führen, indem Sie eine Lagerkarte für das nächste Jahr entwerfen und auf dieser Basis die Lagerkennzahlen berechnen.

   Hinweis: Der Anfangsbestand am 01.01. des nächsten Jahres beträgt 150 kg.

Kompetenzcheck – Beschaffungscontrolling

Ich kann ...	Ja sicher!	Geht so!	Muss ich noch üben!	Wie gehe ich vor, um mich zu verbessern?
eine ABC-Analyse mit Excel durchführen.				
die Kategorisierung der Güter (A-, B-, C-Gut) mit einer verschachtelten WENN-Funktion vornehmen.				

Ich kann ...	Ja sicher!	Geht so!	Muss ich noch üben!	Wie gehe ich vor, um mich zu verbessern?
die folgenden Lagerkennzahlen berechnen: - Ø Lagerbestand in kg - Ø Lagerbestand in Euro - Materialverbrauch - Umschlagshäufigkeit - Ø Lagerdauer - Lagerzinsen				
die optimale Bestellmenge bestimmen.				
die Kostenverläufe zur Darstellung der optimalen Bestellmenge in einem Excel-Diagramm darstellen.				

Übungsaufgaben

Übungsaufgabe 1

Die Designermöbel GmbH hat einen neuen Premiumsessel in das Produktprogramm aufgenommen. Dieser soll über das gesamte Jahr gleichmäßig produziert werden. Der Jahresbedarf wird aktuell auf 1 000 Stück geschätzt. Da es sich bei dem Ledersessel um ein völlig neues Produkt handelt, musste erstmalig ein Elektromotor für die Höhenverstellung des Sessels beschafft werden. Außerdem sollen die neuen Bestell- und Lagerprozesse möglichst effizient geplant werden.

Nach der Auswertung der eingegangenen Angebote wurde bereits ein passender Lieferant ausgewählt, sodass nun die optimale Bestellmenge ermittelt werden soll. Der Einkaufspreis pro Elektromotor beträgt dabei 30,00 €. Pro Bestellung fallen unabhängig von der Bestellmenge Kosten in Höhe von 150,00 € an. Die durchschnittlichen Lagerkosten pro Elektromotor und Jahr betragen 1,20 €.

a) Bestimmen Sie die optimale Bestellmenge tabellarisch mithilfe von Excel und beschreiben Sie, warum genau an dieser Stelle die optimale Bestellmenge liegt.

b) Der Lieferant bietet der Designermöbel GmbH bei der Abnahme von mindestens 1 000 Elektromotoren pro Bestellung einen Mengenrabatt in Höhe von 2 % an. Entscheiden Sie, ob Sie dieses Angebot vor dem Hintergrund der optimalen Bestellmenge annehmen.

c) Erläutern Sie neben dem Mengenrabatt zwei weitere Gründe, die das Unternehmen nicht nur bei den Elektromotoren veranlassen könnten, von der optimalen Bestellmenge abzuweichen.

Übungsaufgabe 2

Die Smart Accessoires GmbH hat entschieden, als weiteres Standbein Handyhüllen aus Stoff zu produzieren. Bereits nach einem Jahr haben sich die neuen Handyhüllen so gut im Sortiment der Smart Accessoires GmbH etabliert, dass im letzten Geschäftsjahr 720 lfd. Meter Stoff zur Produktion der Hüllen benötigt wurden.

Wie für viele andere Rohstoffe auch, sollen für den Stoff zur Handyhüllenproduktion ein Bestandscontrolling durchgeführt und Optimierungsmodelle entwickelt werden. Die Smart Accessoires GmbH kalkuliert in diesem Zusammenhang mit pauschalen Bestell- und Lagerhaltungskosten. Die Bestellkosten betragen generell 54,00 € je Bestellung, der Lagerhaltungskostensatz beträgt 8,00 % und entspricht dem branchenüblichen Marktzinssatz. Der Einkaufspreis für den Stoff beträgt 30,00 €/lfd. Meter.

Die Produktionsmengen und damit auch die Produktionszeiträume der Handyhüllen wurden im abgelaufenen Geschäftsjahr vom Vertrieb relativ kurzfristig vorgegeben. Um die Produktionsplanung zu vereinfachen, hat sich der Vertrieb bereit erklärt, die Kunden zukünftig regelmäßig über das Jahr hinweg mit relativ gleichbleibenden Mengen zu beliefern. Es wird angenommen, dass der Absatz im nächsten Jahr dem des vorherigen Jahres entspricht.

a) Ermitteln Sie mithilfe der Lagerkarte des Stoffes für die Handyhülle (siehe Datei *Übungsaufgabe 2_Vorlage.xlsx*) die Lagerzinsen und die Bestellkosten des abgelaufenen Geschäftsjahres.
b) Bestimmen Sie die optimale Bestellmenge für den Stoff der Handyhülle. Nutzen Sie hierzu die Vorlage im Registerblatt *Nr. 2b_Optimale Bestellmenge* der Datei aus Aufgabe a).
c) Entwickeln Sie einen modellhaften Vorschlag zur Optimierung der Lagerhaltung des Stoffes, verdeutlichen Sie Ihr Ergebnis durch die Gestaltung einer Lagerkarte (Registerblatt *Nr. 2c*) für das nächste Geschäftsjahr und überprüfen Sie, ob Ihr Vorschlag zur Kostensenkung geführt hat.

Anforderungssituation 2.3: Wir informieren uns über die sachgerechte Computerausstattung in der PEPP GmbH

Lernsituation 2.3.1: Sachgerechte Computerausstattung & DV-Grundbegriffe

DAS IST GESCHEHEN

Max Junker ist seit drei Wochen als neuer Praktikant bei der PEPP GmbH beschäftigt.

Bereits während seiner schulischen Ausbildung hat er einiges über Computer und deren Komponenten gelernt und konnte bei der PEPP GmbH vieles über den betrieblichen Einsatz erfahren.

In der bisherigen Einarbeitungszeit hat Max Junker viele Büros gesehen. Nun ist er in der Abteilung Beschaffung eingesetzt. Heute Morgen trifft Max den Abteilungsleiter Hufschmied auf dem Flur.

Ingo Hufschmied: „Guten Morgen, Herr Junker. Schön, dass Sie ab jetzt erst einmal bei uns hier sind. Gefällt Ihnen die PEPP GmbH?"

Max Junker: „Guten Morgen, Herr Hufschmied. Danke, ja, es gefällt mir sehr gut."

Ingo Hufschmied: „Na, das ist ja schön. Ich verrate Ihnen mal etwas: Wir sind hier nicht nur für die Beschaffung von Material für die Produktion oder den Zukauf unserer Handelswaren zuständig. Wir kümmern uns auch um sämtliche Büroausstattungen. Ist Ihnen eigentlich etwas aufgefallen in letzter Zeit?"

Max Junker: „Na ja, wenn ich ehrlich bin, die Rechner hier sind ja nicht mehr auf dem neuesten Stand der Dinge. Windows XP! Wird das überhaupt noch sicherheitstechnisch vom Hersteller unterstützt?"

Ingo Hufschmied: „Na sehen Sie, ich wusste doch, dass Sie was checken. Also, wir müssen unsere PC-Ausstattung dringend erneuern, ob wir das wollen oder nicht. Da sind schon einmal 20 PCs fällig! Ich habe einen besonderen Arbeitsauftrag für Sie: Sie können sich in die Thematik ein wenig tiefer einarbeiten und mir bei der Beschaffung der neuen PC-Ausstattung behilflich sein. Wir wollen auch eine eigene kleine Softwarelösung programmieren, damit z. B. Daten der Rechnungen nicht immer neu per Hand eingetippt werden müssen.

Und jetzt bitte ich Sie, den Beschaffungsvorgang zu planen. Ich stelle mir vor, dass Sie zunächst eine Präsentation vorbereiten, in der die grundlegende Funktionsweise eines Personal Computers mit Einbindung in unser Netzwerk geklärt wird. Das könnte auch für die anderen Auszubildenden interessant sein, da hierzu immer wieder Fragen in den Abschlussprüfungen gestellt werden.

Erkundigen Sie sich bitte auch einmal im Internet, welche PCs zurzeit angeboten werden. Für unsere Auszubildenden benötigen wir dann eine Liste mit erklärten Fachbegriffen."

Max: „Es ist schön, dass Sie mir so großes Vertrauen entgegenbringen. Natürlich übernehme ich das gerne."

SITUATIONSANALYSE

1. Versetzen Sie sich in die Lage von Max Junker. Überlegen Sie sich zunächst, welches Ziel sich aus der Lernsituation ergibt. Beschreiben Sie dann die Schritte, die Sie unternehmen müssen, um das Ziel zu erreichen. Listen Sie auch die hierfür benötigten Informationen und Hilfsmittel auf und wo Sie diese finden. Nutzen Sie hierzu das Arbeitsblatt 1 „Situationsanalyse".

2. Vergleichen Sie Ihre Situationsanalyse mit den Analysen Ihrer Mitschüler und Ihres Lehrers. Ergänzen Sie Ihre Analyse, falls nötig.

3. Führen Sie nun die Schritte aus der Situationsanalyse durch, damit Sie Ihr Ziel erreichen.

Arbeitsblatt 1: Situationsanalyse Lernsituation 2.3.1

Welches Ziel soll ich erreichen?	Warum soll ich dieses Ziel erreichen?
Was muss ich tun, um das Ziel zu erreichen?	Welche Informationen bzw. Hilfsmittel benötige ich dazu und wo finde ich diese?

Arbeitsblatt 2: Begriffe der Datenverarbeitung

Begriffe	Bedeutung
ERP-System	
Hardware	
Software	
Browser	
Firewall	
LAN	
WLAN	
CD-ROM-Laufwerk	
DVD-Laufwerk	
USB	
HDMI	
HDD	
Mouse/Maus	
Internetprovider	

Lernsituation 2.3.1: Sachgerechte Computerausstattung & DV-Grundbegriffe

.exe	
.jpg	
Back-up	
Client	
Computerviren	
CPU	
Datenschutz	
Datensicherheit	
DDR3	
Drag-and-drop	
EVA-Prinzip	
GB	
HTML	
HUB	
Icon	

Beschaffung

Begriffe	Bedeutung
IP-Adresse	
Java	
Laptop	
Link/Hyperlink	
Menü	
Pixel	
QWERTZ	
RAM	
Scrollen	
Server	
Soundkarte	
TB	
Touchscreen	
Trojaner	
URL	

Arbeitsblatt 3: Übersicht DV-Kategorien

Hardware	Software	Sonstiges

Aufgaben

1. Unterstützen Sie Max Junker und recherchieren Sie im Internet bei gängigen Elektrofachgeschäften. Klären Sie die Ihnen fachlich fraglichen Begriffe und Abkürzungen. Übertragen Sie Ihre Ergebnisse auf das Arbeitsblatt 2 „Begriffe der Datenverarbeitung"

2. Sortieren Sie die Begriffe des Arbeitsblattes 2 „Begriffe der Datenverarbeitung" den Kategorien Hardware, Software und Sonstiges zu. Nutzen Sie hierzu das Arbeitsblatt 3 „Übersicht DV-Kategorien".

3. Sehen Sie sich im Internet den einfachen Film „Wie funktioniert ein Computer?" an unter: http://www.giga.de/downloads/windows-10/specials/wie-funktioniert-ein-computer-erklaerung-fuer-laien-profis/. Fassen Sie die Inhalte des Films in geeigneter Form zusammen.

Lernsituation 2.3.2: Datensicherheit und Datenschutz

DAS IST GESCHEHEN

Max Junker hat seine Recherche gerade beendet, als Herr Hufschmied wieder im Büro steht.

Ingo Hufschmied: „Es ist doch zum Verzweifeln! Ich habe hier eine Liste mit Computeraktionen, die in der letzten Zeit schiefgelaufen sind. Wenn ich bloß bedenke, dass Frau Schmitz erst kürzlich von Datenverlusten im Rechnungswesen berichtet hat. Und gerade dort sind wir doch von Gesetz aus verpflichtet, Belege und Daten zehn Jahre aufzubewahren! Ich denke, wir sollten bei der PC-Beschaffung auch die Bereiche Datenschutz und Datensicherheit nicht außer Acht lassen. Wir sollten schnell handeln, bevor noch mehr anbrennt. In sechs Wochen müssen hier neue Computer hin!"

Max Junker: „Wenn Sie das sagen, muss es wohl stimmen. Na ja, das alte Betriebssystem wird vom Hersteller sicherlich schon lange nicht mehr unterstützt. Wann gab es denn das letzte Update?"

Ingo Hufschmied: „Ich weiß es nicht. Am besten sehen Sie auch noch einmal nach, was Sie zu diesem Thema im Internet finden können. Aber laden Sie sich keinen Virus herunter!"

Max Junker: „Wenn die Firewall denn wenigstens noch funktioniert ..."

SITUATIONSANALYSE

1. Überlegen Sie sich zunächst, welches Ziel sich aus der Lernsituation ergibt. Beschreiben Sie dann die Schritte, die Sie unternehmen müssen, um das Ziel zu erreichen. Listen Sie auch die hierfür benötigten Informationen und Hilfsmittel auf und wo Sie diese finden. Nutzen Sie hierzu das Arbeitsblatt 1 „Situationsanalyse".

2. Vergleichen Sie Ihre Situationsanalyse mit den Analysen Ihrer Mitschüler und Ihres Lehrers. Ergänzen Sie Ihre Analyse, falls nötig.

3. Führen Sie nun die Schritte aus der Situationsanalyse durch, damit Sie Ihr Ziel erreichen.

Arbeitsblatt 1: Situationsanalyse Lernsituation 2.3.2

Welches Ziel soll ich erreichen?	Warum soll ich dieses Ziel erreichen?
Was muss ich tun, um das Ziel zu erreichen?	Welche Informationen bzw. Hilfsmittel benötige ich dazu und wo finde ich diese?

Beschaffung

Arbeitsblatt 2: Datensicherheit und Datenschutz

Datensicherheit bedeutet:

_____

_____

Datenschutz bedeutet...

_____

_____

Technische Maßnahmen	
Organisatorische Maßnahmen	
Personelle Maßnahmen	
Programmtechnische Maßnahmen	

Fallsituation	Datensicherheit oder Datenschutz?	Mögliche Maßnahmen
Im Rechnungswesen kam es vor der letzten Inventur zu einem Datenverlust, da Dateien versehentlich gelöscht wurden.		
Ausdrucke der letzten Gehaltszahlungen wurden bei der Müllleerung durch Windeinfluss auf der Straße verstreut.		
Der auf dem Server vorhandene Datenbestand über Kunden ist versehentlich durch einen Personalsachbearbeiter gelöscht worden.		
In letzter Zeit wurden Rechnungen verschickt mit dem Datumsanfang 19...		

Autor bitte Manuskript prüfen

Durch einen Stromausfall ist das automatisierte Lager in Unordnung geraten.		
Auf den Mitarbeiterrechnern (eingebunden in ein Firmenintranet) wurden schädliche Dateien aus dem Internet gefunden. Auf den Rechnern ist das Betriebssystem Windows XP installiert.		
Mitarbeiterin A und B (beide aus der Verkaufsabteilung) unterhalten sich in der Mittagspause: *„Der Kollege C geht immer zu Dr. Müller, wenn er sich krank fühlt. Ich habe das Attest in der Personalabteilung liegen sehen."*		
Auf einem PC wurde ein Computervirus gefunden.		

Die PEPP GmbH muss

☐ einen Datenschutzbeauftragten

☐ keinen Datenschutzbeauftragten

stellen, weil in dem Unternehmen weniger als _____ Personen mit der Verarbeitung personenbezogener Daten beschäftigt sind.

Arbeitsblatt 3: Entscheidungsliste für die PC-Ausstattung

Ausstattungsbereich	Leistungsstärke	Begründung
Hardware		
Software		

Ausstattungsbereich	Leistungsstärke	Begründung
Sonstiges		

Aufgaben

1. Finden Sie im Internet die Begriffsdefinitionen von Datensicherheit und Datenschutz und notieren Sie die gefundenen Bedeutungen auf dem Arbeitsblatt 2 „Datenschutz und Datensicherheit".

2. Finden Sie im Internet jeweils drei technische, organisatorische, personelle und programmtechnische Maßnahmen der Datensicherung. Notieren Sie das Ergebnis ebenfalls auf dem Arbeitsblatt 2 „Datenschutz und Datensicherheit".

3. Bearbeiten Sie die Fallsituationen auf dem Arbeitsblatt 2 „Datenschutz und Datensicherheit" sachgerecht.

4. Entscheiden und begründen Sie mithilfe des Bundesdatenschutzgesetzes (BDSG), das Sie im Internet finden können, ob die PEPP GmbH die Position eines Datenschutzbeauftragten besetzen muss. Notieren Sie das Ergebnis ebenfalls auf dem Arbeitsblatt 2 „Datenschutz und Datensicherheit".

5. Erstellen Sie auf dem Arbeitsblatt 3 „Entscheidungsliste für die PC-Ausstattung" eine sinnvolle PC-Konfiguration (= Zusammensetzung) für die PEPP GmbH.

Lernsituation 2.3.3:

DAS IST GESCHEHEN

Max Junker hat mittlerweile neben dem bereits bekannten PC-Lieferanten Network EDV zwei weitere mögliche Unternehmen angeschrieben und konkrete Angebote erhalten.

NETWORK EDV – SYSTEME GmbH
Bachstraße 136, 40210 Düsseldorf
Tel. 0211 6873-0, Fax:0211 6873-99
http: www.network-edv-systeme.de

NETWORK EDV – SYSTEME GmbH · Bachstraße 136 · 40210 Düsseldorf

Pepp GmbH
Heesstraße 95
41751 Viersen

Ansprechpartner: Herr Domin

Ihr Zeichen, Ihre Nachricht vom	unser Zeichen, unsere Nachricht vom ☎	Düsseldorf; den
	Vk-de 0211 16873-44	..

Angebot Nr.145

Sehr geehrte Damen und Herren,

Wir danken Ihnen für Interesse an unserem Angebot und bieten Ihnen das gewünschte Produkt wie folgt an:

NETWORK Professionell Tower 7003
24" Full HD Monitor mit 60 cm sowie einem Tastatur/Mau-Set.
Intel® Core™ i3-7100 Prozessor der 7. Generation
Windows 10 Pro (64 Bit)
GB DDR4-UDIMM
HD-Grafikkarte 630
SATA-Festplatte, 3,5 Zoll, 500 GB (7.200 1/min)

Bruttopreis: 946,97 €

Ab einer Abnahmemenge von 10 Stück gewähren wir 25 % Mengenrabatt. Die Geräte sind in großer Stückzahl am Lager vorhanden und können sofort ausgeliefert warden. Die Auslieferungspauschale beträgt pro Gerät 5,50 zzgl. MwSt.

Die Lieferung der angefragten PCs kann sofort erfolgen.

Die Zahlung ist innerhalb von 30 Tagen zu leisten. Bei Zahlung innerhalb von 10 Tagen gewähren wir 2 % Skonto. Wir hoffen, Ihnen ein interessantes Angebot unterbreitet zu haben.

Mit freundlichen Grüßen
NETWORK EDV-SYSTEME

i.A. Domin
DOMINT

NETORK EDV-SYSTEME GmbH	Telefon:	Bankverbindung:
Bachstraße 136	0211 16873-0	Postbank Düsseldorf
40210 Düsseldorf	Telefax: 0211 1 6873-99	IBAN:DE 860 00 098453223
		BIC:

Angebot von: E-Mail WOBIS Computer AG

Wobis.computer@superstore.com

Ihre Anfrage nach Arbeitsplatzcomputern vom..

Unsere Angebots-Nr. 342

Sehr geehrte Damen und Herren,

wir danken Ihnen für Ihr Vertrauen. Und bieten Ihnen gerne das gewünschte Produkt wie folgt an:

PC- SLC Sprint XS 4576

CPU:	AMD A10-7860K Black Edition APU, mit integrierter Grafikeinheit
CPU-Kühler:	Silent-Kühler für Sockel AM3+ / FM1 / FM2
Festplatte:	1000 GB SATA, Seagate®/Toshiba/WD®
Speicher:	**8 GB DDR3-RAM, 1600 MHz**
Grafik:	AMD Radeon™ R7 Grafik, 2 GB HyperMemory,
Monitor:	**60 cm (24″)** ASUS VS247NR Widescreen TFT-Display, 1920×1080 Pixel Auflösung (**FullHD**), Energieeffizienzklasse: A,
Tastatur/Maus:	CSL BASIC wired Tastatur und Maus
Betriebssystem:	**Windows 10 Home. 64Bit** (vorinstalliert und inkl. Installations-DVD)
Software:	Bullguard Internet

WLAN, Bluetooth

Angebotspreis: 599,00 € zuzügl. MwSt.

Lieferung frei Haus. Bei Zahlung innerhalb 14 Tagen gewähren wir 2 % Skonto.

Wir freuen uns auf Ihre Bestellung.

Karin Voss

WOBIS Computer AG
Super Store Köln
Willy-Brandt-Platz 25
50667 Köln
0221 98-3345

RAINGARD Computer Components GmbH
Europaallee 65, 50667 Köln

RAINGARD GmbH • Europaallee 65 • 50667 Köln

Pepp GmbH
Heesstraße 95
41751 Viersen

Ihr Zeichen:
Ihre Nachricht vom:

Unser Zeichen: AK-we
Unsere Nachricht vom:

Name: Frau Engels
Telefon: 0221 000-135
Mobil:
Telefon: 0221 00-110
E-Mail:

Datum:

Angebot Nr. 2945

Pcs	Artikelnummer	Artikelbezeichnung	Menge	Einzelpreis EUR	Rab.	Gesamtpreis EUR
1	20870 HV	High Vision X8540　24" Full HD Monitor　AMC10-7800K Prozessor　4X3600 MHz　8 GB DDR3-RAM　WLAN　Service:　3Jahre Vor-Ort-Austausch	20	780.00	15	13.413,00

Warenwert	Verpackung	Fracht	Summe netto	USt.%	Ust.EUR	Summe brutto EUR
13.413,00		10,00	13.420,00	10	2.551,01	15.080,51

folgt

Die Lieferzeit beträgt 3 Tage. Die Zahlung ist innerhalb von 30 Tagen zu leisten. Bei Begleichung unserer Rechnung innerhalb 14 Tage gewähren von 1.5 % konto. Im Übringen gelten unsere allgemeinen Geschäftsbedingungen.

Mit freundlichen Grüßen

RAINGARD GmbH

i. A. *KAUFMANN*

KAUFMANN

Beschaffung

Max bespricht die weitere Vorgehensweise mit Herrn Hufschmied.

Max Junker: „Mal überlegen, jetzt ist doch wieder der Angebotsvergleich dran. Dazu haben wir doch schon eine Vorlage."

Ingo Hufschmied: „Ja, und unser Praktikant hat sie genutzt und bereits eine weitere Dateivorlage vorbereitet. Ich glaube, er hat sie ‚Angebotsvergleich PC' genannt. Er hat dort zumindest schon die Lieferanten mit ihren Daten hinterlegt."

Max Junker: „In Ordnung, ich mache mich gleich an die Arbeit."

Ingo Hufschmied: „Denken Sie daran, der Preis der Computer ist nicht alles …"

SITUATIONSANALYSE

1. Überlegen Sie sich zunächst, welches Ziel sich aus der Lernsituation ergibt. Beschreiben Sie dann die Schritte, die Sie unternehmen müssen, um das Ziel zu erreichen. Listen Sie auch die hierfür benötigten Informationen und Hilfsmittel auf und wo Sie diese finden. Nutzen Sie hierzu das Arbeitsblatt 1 „Situationsanalyse".

2. Vergleichen Sie Ihre Situationsanalyse mit den Analysen Ihrer Mitschüler und Ihres Lehrers. Ergänzen Sie Ihre Analyse, falls nötig.

3. Führen Sie nun die Schritte aus der Situationsanalyse durch, damit Sie Ihr Ziel erreichen.

Lernsituation 2.3.3:

Arbeitsblatt 1: Situationsanalyse Lernsituation 2.3.3

Welches Ziel soll ich erreichen?	Warum soll ich dieses Ziel erreichen?
Was muss ich tun, um das Ziel zu erreichen?	**Welche Informationen bzw. Hilfsmittel benötige ich dazu und wo finde ich diese?**

129

Aufgaben

1. Öffnen Sie die bisherige Dateivorlage „Angebotsvergleich PC". Kopieren Sie die Vorlage des Angebotsvergleichs aus Handlungsfeld ■■■ ganz oben links ein. Löschen Sie die Grunddaten aus dem Angebotsvergleich. Das Ergebnis sollte so aussehen:

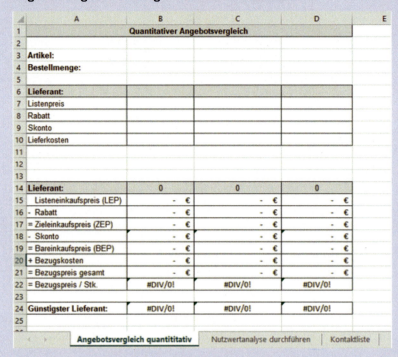

Hinweis: #DIV/0 als Fehlermeldung ergibt sich aus der Tatsache, dass die Felder oben noch leer sind.

2. Geben Sie die Grunddaten der PC-Angebote ein. Führen Sie nun einen quantitativen (= kostenmäßigen) Angebotsvergleich der PC-Angebote durch.

3. Drucken Sie Ihr Ergebnis in der normalen Zahlenansicht aus.

Lernsituation 2.3.4: Lieferantenbewertung

DAS IST GESCHEHEN

Geschafft! Max Junker hat endlich den „günstigsten" Lieferanten ermittelt und geht mit seiner Auswertung zu Herrn Hufschmied.

Ingo Hufschmied: „Das ist ja schön! Aber ich habe hier noch einige Hinweise zu den Lieferanten. Die Lieferanten haben wir bereits als solche bewertet. Vergleichen Sie doch bitte einmal, ob Ihr günstigster Lieferant auch der allgemein beste ist, und prüfen Sie, woraus mögliche Bewertungsunterschiede resultieren. Und haben Sie auch einmal die technischen Daten in den Angeboten verglichen? Sie sind doch auch fit in diesen Dingen."

Max Junker: „Ja, stimmt. Ich mache mich gleich an die Arbeit."

SITUATIONSANALYSE

1. Überlegen Sie sich zunächst, welches Ziel sich aus der Lernsituation ergibt. Beschreiben Sie dann die Schritte, die Sie unternehmen müssen, um das Ziel zu erreichen. Listen Sie auch die hierfür benötigten Informationen und Hilfsmittel auf und wo Sie diese finden. Nutzen Sie hierzu das Arbeitsblatt 1 „Situationsanalyse".

2. Vergleichen Sie Ihre Situationsanalyse mit den Analysen Ihrer Mitschüler und Ihres Lehrers. Ergänzen Sie Ihre Analyse, falls nötig.

3. Führen Sie nun die Schritte aus der Situationsanalyse durch, damit Sie Ihr Ziel erreichen.

Arbeitsblatt 1: Situationsanalyse Lernsituation 2.3.4

Welches Ziel soll ich erreichen?	Warum soll ich dieses Ziel erreichen?

Was muss ich tun, um das Ziel zu erreichen?	Welche Informationen bzw. Hilfsmittel benötige ich dazu und wo finde ich diese?

Beschaffung

Aufgaben

1. Entwickeln Sie einen Katalog weiterer, PC-technischer Kriterien für die erweiterte Angebotsauswahl mithilfe der quantitativen Nutzwertanalyse. Verwenden Sie die Info „Nutzwertanalyse" und das Arbeitsblatt „Gruppenarbeit zur Nutzwertanalyse".

2. Öffnen Sie die Excel-Mappe „Angebotsvergleich PC" und dort das Register *Nutzwertanalyse durchführen*. Führen Sie nun im Register *Nutzwertanalyse durchführen* einen qualitativen Angebotsvergleich durch.

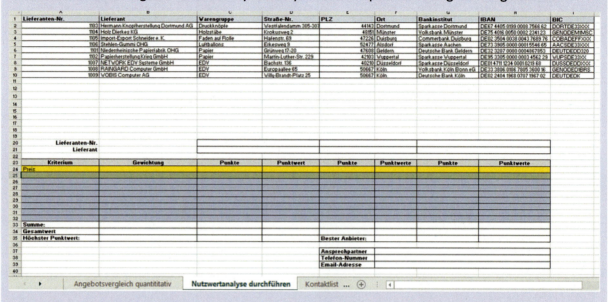

3. Tragen Sie hierzu die gefundenen technischen Beurteilungskriterien im Register *Nutzwertanalyse durchführen* als Kriterien ein. Beachten Sie die Info „Nutzwertanalyse in Excel mit Verweis und Max-Funktionen".

Lernsituation 2.3.5: Lieferantenauswahl – Nutzwertanalyse

DAS IST GESCHEHEN

Max Junker ist fertig, als am nächsten Tag Herr Hufschmied das Büro betritt: *„Ich habe hier von unserem Außendienst neueste Infos bezüglich der PC-Lieferanten. Sehen Sie sich die Lieferantenbewertungen des Außendienstlers bitte einmal genauer an und formulieren Sie eine abschließende Empfehlung für einen geeigneten Lieferanten."*

SITUATIONSANALYSE

1. Überlegen Sie sich zunächst, welches Ziel sich aus der Lernsituation ergibt. Beschreiben Sie dann die Schritte, die Sie unternehmen müssen, um das Ziel zu erreichen. Listen Sie auch die hierfür benötigten Informationen und Hilfsmittel auf und wo Sie diese finden. Nutzen Sie hierzu das Arbeitsblatt 1 „Situationsanalyse".

2. Vergleichen Sie Ihre Situationsanalyse mit den Analysen Ihrer Mitschüler und Ihres Lehrers. Ergänzen Sie Ihre Analyse, falls nötig.

3. Führen Sie nun die Schritte aus der Situationsanalyse durch, damit Sie Ihr Ziel erreichen.

Lernsituation 2.3.5: Lieferantenauswahl – Nutzwertanalyse

Arbeitsblatt 1: Situationsanalyse Lernsituation 2.3.5

Welches Ziel soll ich erreichen?	Warum soll ich dieses Ziel erreichen?
Was muss ich tun, um das Ziel zu erreichen?	**Welche Informationen bzw. Hilfsmittel benötige ich dazu und wo finde ich diese?**

Beschaffung

INFO 1: NUTZWERTANALYSE

Die Nutzwertanalyse ist ein Verfahren, das Ihnen dabei hilft, verschiedene Alternativen anhand qualitativer Kriterien miteinander zu vergleichen, um dadurch die Alternative herauszufinden, die Sie selbst für die beste halten. Dabei gehen Sie folgendermaßen vor:

- **1. Schritt:** Wählen Sie Entscheidungskriterien aus, die Sie für wichtig halten und nach denen Sie die Alternativen vergleichen möchten.
- **2. Schritt:** Überlegen Sie, welches Kriterium am wichtigsten ist und welches am unwichtigsten. Sortieren Sie die anderen Kriterien zwischen diesen beiden Eckposten nach ihrer Wichtigkeit ein.
- **3. Schritt:** Gewichten Sie die gewählten Kriterien nach Wichtigkeit. Vergeben Sie hierfür insgesamt 100 Gewichtungspunkte, die Sie auf die einzelnen Kriterien verteilen. Je höher die Wichtigkeit, desto höher die Anzahl der Gewichtungspunkte.
- **4. Schritt:** Vergeben Sie nun Punkte für jedes Kriterium, wie gut das einzelne Angebot dieses Kriterium erfüllt: **10 Punkte: erfüllt das Kriterium am besten, 1 Punkt: erfüllt das Kriterium am schlechtesten.**
- **5. Schritt:** Multiplizieren Sie nun die vergebenen Punkte mit den Punkten des Gewichtungsfaktors. So erhalten Sie einen Punktewert je Kriterium. Addieren Sie dann die einzelnen Punktewerte für jedes Angebot zusammen.
- **6. Schritt:** Das Angebot mit den meisten Punkten ist schließlich die für Sie beste Lösung.

Arbeitsblatt 2: Notierhilfe zur Nutzwertanalyse

Mögliche Kriterien für eine Nutzwertanalyse zu Computerangeboten

Lernsituation 2.3.5: Lieferantenauswahl – Nutzwertanalyse

INFO 2: DATENÜBERGABE MIT SVERWEIS (SENKRECHTER VERWEIS) UND MAX-FUNKTION IN EINEM EXCEL-REGISTER

Der Anfangsbuchstabe „S" in SVERWEIS steht für „senkrecht". Ein vorzugebendes Suchkriterium wird immer senkrecht, also von oben nach unten, in der ersten Spalte eines angegebenen Suchbereichs (Matrix), meist einer Tabelle, gesucht. Vom gefundenen Zellinhalt ausgehend sucht das Programm in der dazugehörigen Zeile den Zellinhalt einer vorgegebenen Spalte und gibt diesen in der mit SVERWEIS hinterlegten Zelle aus.

Schritt 1: Automatischer Ausweis der Lieferanten-Nr. (Zeile ■■■) mit SVERWEIS aus gleichem Tabellenblatt

Geben Sie die Lieferantennummer des ersten Lieferanten in die Zelle C20 ein.

Der Lieferantenname soll nun mit der senkrecht orientierten SVERWEIS-Funktion ausgegeben werden. Sie hat die folgende Schreibweise (Syntax):

=SVERWEIS(SUCHKRITERIUM;MATRIX;SPALTENINDEX;BEREICH_VERWEIS)

SUCHKRITERIUM	Das Suchkriterium ist ein Zahlenwert oder ein Text, nach dem Sie in der ersten Spalte einer Matrix suchen.
MATRIX	Die Matrix ist der Suchbereich/die Tabelle, in dem/der nach dem passenden Wert gesucht wird.
SPALTENINDEX	Der Spaltenindex gibt an, aus der wievielten Spalte der zu durchsuchenden Matrix der Zellinhalt ausgegeben werden soll.
BEREICH_VERWEIS	Befinden sich in der ersten Spalte der Matrix aufsteigend sortierte Zahlen, kann ein **Zahlenbereich** gesucht werden. Dabei wird entweder das Suchkriterium oder, wenn dieses nicht vorhanden ist, der nächstkleinere Wert gewählt. Dann kann das Argument BEREICH_VERWEIS mit „**wahr**"/0 benannt werden. Man kann auch ganz darauf verzichten, da die Grundeinstellung „wahr" ist. Soll das Suchkriterium genau übereinstimmen, wird „falsch" oder 1 eingesetzt, da kein Bereich gesucht wird. Hierbei müssen **Zahlen nicht aufsteigend sortiert** sein. Ist das Suchkriterium ein **Text**, muss immer genau übereinstimmend gesucht werden, also immer „**falsch" oder 1** eingesetzt werden.

> **Kopieren von SVERWEISEN**
> Möchte man weitere SVERWEISE einfügen, bietet es sich manchmal an, einen bereits erstellten SVERWEIS zu kopieren. Achten Sie hierbei allerdings auf eine absolute Adressierung der Argumente, die dabei nicht verändert werden sollen ($, kann schnell mit der Taste F4 vorgenommen werden).

Geben Sie ein: =SVERWEIS(C20;$A$2:$I$10;2;FALSCH)

Dies bedeutet: „*Suche den Wert, der in der Zelle C20 steht, in der Matrix von A2 bis I10 und weise den Wert aus, der dort in der 2. Spalte steht. Mache dies mit den punktgenauen Werten.*"

Verfahren Sie in gleicher Weise mit den anderen Lieferantennummern, indem Sie die Formel durch Ziehen mit der Maus nach rechts kopieren.

Schritt 2: Berechnung der Anbieternutzwerte

Geben Sie Ihre Auswertung aus dem Angebotsvergleich und der Lieferantenbewertung in die Zeile 24 der unteren Tabelle „Nutzwertanalyse" ein.

Schritt 3: Bewertung der Lieferantenzuverlässigkeit anhand der handschriftlichen Notizen

Tragen Sie die weiteren gefundenen technischen Beurteilungskriterien der PC-Angebote in der Spalte *Kriterium* und im Kriterium *Preis* ein. Vergeben Sie Ihre Gewichtungsfaktoren für alle Kriterien, ihre Punktbewertung der Kriterien und ermitteln Sie die Gesamtpunktwerte aller PC-Anbieter (siehe Info 1: Nutzwertanalyse).

Schritt 4: Punktmäßiger Ausweis des besten Anbieters

Ermitteln Sie in Zelle C35 durch Verwendung der Funktion =MAX(D34;F34;H34) den gesamtpunktbesten Anbieter.

Schritt 5: Namentlicher Ausweis des besten Anbieters

Lassen Sie den Namen des gesamtpunktbesten Anbieters mithilfe einer mehrfachen WENN-Funktion nach der folgenden Maßgabe ausgeben: „Sofern der erste Anbieter der maximale Wert ist, gib den ersten Anbieter aus. Falls der zweite Anbieter der maximale Wert ist, gib den zweiten Anbieter aus. Ansonsten wähle den dritten Anbieter."

Aufgaben

1. **Einzelarbeit:** Lesen Sie zunächst noch einmal die drei Angebote hinsichtlich der technischen Angaben genau durch. Sammeln Sie auf dem Arbeitsblatt 2 „Notierhilfe zur Nutzwertanalyse" Kriterien, mit deren Hilfe Sie die Angebote beurteilen möchten.

2. **Gruppenarbeit:** Beraten Sie in Ihrer Gruppe, welche der vorgeschlagenen Kriterien für die Nutzwertanalyse geeignet sind, und wählen Sie diese aus, um sie anschließend auf Karten zu notieren.

3. **Plenum:** Eine zufällig ausgewählte Gruppe stellt ihre Kriterienauswahl begründet vor. Die anderen Gruppen ergänzen diese. Die gesamte Klasse einigt sich auf einen Kriterienkatalog.

Lernsituation 2.3.6: Pflege von Lieferantendaten

DAS IST GESCHEHEN

Max Junker möchte die Tabelle der Nutzwertanalyse erweitern, indem er darunter eine weitere Tabelle einfügt, die aus drei Zeilen und zwei Spalten bestehen soll. In dieser Tabelle sollen automatisch der zum besten Lieferanten gehörende Ansprechpartner sowie dessen Telefonnummer und E-Mail-Adresse erscheinen. So kann bei Bedarf sofort Kontakt mit dem Lieferanten aufgenommen werden.

Die Liste „Kontaktdaten" befindet sich in einem anderen Register. Zusätzlich ist sie anders sortiert: Die Namen der Lieferanten stehen waagerecht in der ersten Zeile. Mit dem SVERWEIS senkrecht zu suchen, funktioniert hier nicht. Daher fragt Max Junker in seiner Berufsschulklasse seine Mitschülerin Annette um Rat. Diese gibt ihm ein Informationsblatt zu WVERWEISEN aus ihrem Ausbildungsbetrieb.

Nach der Berufsschule geht Max Junker in den Betrieb. Dort ruft er noch einmal die Datei *Angebotsvergleich PC* auf.

SITUATIONSANALYSE

1. Überlegen Sie sich zunächst, welches Ziel sich aus der Lernsituation ergibt. Beschreiben Sie dann die Schritte, die Sie unternehmen müssen, um das Ziel zu erreichen. Listen Sie auch die hierfür benötigten Informationen und Hilfsmittel auf und wo Sie diese finden. Nutzen Sie hierzu das Arbeitsblatt 1 „Situationsanalyse".

2. Vergleichen Sie Ihre Situationsanalyse mit den Analysen Ihrer Mitschüler und Ihres Lehrers. Ergänzen Sie Ihre Analyse, falls nötig.

3. Führen Sie nun die Schritte aus der Situationsanalyse durch, damit Sie Ihr Ziel erreichen.

Lernsituation 2.3.6: Pflege von Lieferantendaten

Arbeitsblatt 1: Situationsanalyse Lernsituation 2.3.6

Welches Ziel soll ich erreichen?	Warum soll ich dieses Ziel erreichen?
Was muss ich tun, um das Ziel zu erreichen?	Welche Informationen bzw. Hilfsmittel benötige ich dazu und wo finde ich diese?

INFO 3: DATENÜBERGABE MIT WVERWEIS (WAAGERECHTER VERWEIS) UND MAX-FUKTION ÜBER MEHRERE (HIER: ZWEI) EXCEL-REGISTER

Die Funktion des WVERWEISES

Die Funktion WVERWEIS setzt voraus, dass die Tabelle (die Matrix), in der gesucht werden soll, waagerecht aufgebaut ist, das Suchkriterium also in der ersten Zeile der Tabelle gesucht wird. Die Syntax des WVERWEISes lautet:

=WVERWEIS(SUCHKRITERIUM;MATRIX;ZEILENINDEX;BEREICH_VERWEIS)

Wie beim SVERWEIS kann auch hier tabellenblattübergreifend gesucht werden. Am einfachsten funktioniert dies wieder, indem man zur Eingabe des Argumentes „Matrix" auf das Tabellenblatt wechselt, auf dem die zu durchsuchende Tabelle steht. So wird automatisch der Tabellenname mit Ausrufezeichen in die Formel übernommen:

=WVERWEIS(SUCHKRITERIUM;NAME DES TABELLENBLATTES!
MATRIX;ZEILENINDEX;BEREICH_VERWEIS)

Anders als beim SVERWEIS, muss für den WVERWEIS nun ein Zeilenindex eingegeben werden. Der Zeilenindex gibt an, in der wievielten Zeile der zu suchende Wert zu finden ist.

Die Angabe zu BEREICH_VERWEIS erfolgt nach denselben Regeln wie beim SVERWEIS.

Schritt 1–5

Siehe Info 2 „Datenübergabe mit SVERWEIS (senkrechter Verweis) und MAX-FUNKTION in einem Excel-Register" auf S. ■■■.

Schritt 6: Ausgabe der Kontaktdaten (Zellen F37 bis F39) mit WVERWEIS aus einem anderen Tabellenblatt

Die Kontaktdaten aller Lieferanten sind in einer separaten Tabelle der Mappe *Nutzwertanalyse* erstellt. Sie können auf dieses Tabellenblatt über das Register *Kontaktdaten* zugreifen.

Hinweis: Setzen Sie alle $-Zeichen hinterher!

Geben Sie in die Zelle F37 folgende Teilfunktion ein (die Zellen F, G und H sind miteinander verbunden):

=WVERWEIS($F$35;

Klicken Sie dann in das Register *Kontaktdaten*. Markieren Sie dort durch Ziehen mit der Maus den Bereich B1 bis J4. Excel übernimmt diesen Bereich nun in die WVERWEIS-Funktion durch:

Kontaktliste!$B$1:$J$4;2

Setzen Sie ein „;" und geben Sie den Spaltenindex 2 ein, in dem sich der Ansprechpartner befindet. Setzen Sie den BEREICH_VERWEIS auf „FALSCH". Drücken Sie die Enter-Taste. Der Ansprechpartner wird ausgewiesen.

Kopieren Sie diese Funktion in die beiden nachfolgenden Zeilen und passen Sie den Spaltenindex an.

INFO 4: HANDNOTIZEN ZU LIEFERANTEN

Gesprächsnotiz/Kurzmitteilung				
Von:	Verwaltung	Rufnummer:		
An:	Beschaffung			
Betreff:	x	Telefonat mit: Geschäftsfreund E. Müller		Besuch von:

Notiz:

Network EDV: Bereits bekannter Anbieter, er hatte bereits früher geliefert, wurde dann jedoch preislich unterboten. Die Lieferungen waren qualitativ einwandfrei, die versprochenen Lieferzeiten wurden immer eingehalten. Die Network EDV setzt auf im Inland produzierte PC-Komponenten.

(...)

Raingard GmbH: Neuer Anbieter auf dem Markt, es liegen deshalb noch keine Informationen über das Geschäftsgebaren vor.

(...)

WOBIS Computer AG: Der Lieferer soll nach Angaben von Geschäftsfreunden Probleme mit der Termintreue haben. Besonders bei kurzfristigen Lieferungen soll es öfters zu Verspätungen gekommen sein.

(...)

Mit Bitte um:			
x	Kenntnis		Besuch
x	Stellungnahme		Anfrage
	Rückruf		Wiedervorlage

Kompetenzcheck

Ich kann ...	Ja sicher!	Geht so!	Muss ich noch üben!	Wie gehe ich vor, um mich zu verbessern?

Autor bitte Manuskript prüfen

Beschaffung

Übungsaufgaben: IW-Challenge

Aufgabe 1:

Die Gümbel KG erstellt ihre Rechnungen mit Excel. Geben Sie folgende Tabelle ein:

	A	B	C	D	E	F	G	H	I	J
1				**Gümbel KG**						
2										
3								ArtNr.	Artbez	Preis
4								0100	Rennski Davos	599,00 €
5								0200	Rennski Manta	688,00 €
6								0300	Fussball 98	99,00 €
7								0401	Papiertischdecke "Sommerblume"	120,00 €
8								0402	Papiertischdecke "Herbstlicht"	9,99 €
9								0500	Kerzenleuchter "Windlicht"	199,00 €
10	Gümbel KG Fasanenweg 5 40668 Meerbusch							0600	Blumentöpfe "Klassik"	88,00 €
11								0700	Spielesammlung "Joker"	99,00 €
12								0800	Stoffbär "Knuddel"	220,00 €
13								0900	Puppe "Marlies"	220,00 €
14	Fun Park							1000	Modellautos "Viererpack"	120,00 €
15	Industriestraße 22							1000	Schreibset "Duo"	166,99 €
16	51109 Köln							1100	Schreibblock "Schule"	229,00 €
17				KundenNr.	1234					
18				Auftr.-Nr.	244					
19				vom	19.12.2017					
20				Rechn.-Nr.	111					
21				vom						
27	ArtNr.	Stück	Artbez	Preis	Rabatt %	Gesamtpreis				
29	8	10								
30	11	8								
31	7	25								
32					Netto					
33					MwSt.					
34					Gesamt					

Dabei soll das jeweilige Rechnungsdatum automatisch eingefügt [Funktion HEUTE()] und ab einer Stückzahl von 10 Stück automatisch ein Mengenrabatt von 5 % vergeben werden.

Nach Eingabe der entsprechenden Artikelnummer sollen automatisch die Artikelbezeichnung und der Einzelpreis aus der Preisliste in die Rechnung übernommen werden.

Bedingungen bei der Preisgestaltung:

- Ist die Stückzahl kleiner als 10, so wird kein Preisnachlass gewährt.
- Zwischen 10 und 99 Stück beträgt der Rabattsatz 5 %.
- Ab 100 Stück gewährt die Gümbel KG 10 % Rabatt.
- Es folgt eine Plausibilitätsprüfung der Dateneingabe. Stückzahl und Artikelnummer müssen > 0 sein.

Erstellen Sie einen eigenen Tabellenbereich für die Kundenadresse in einem Tabellenregister *Kunden*.

Legen Sie den SVERWEIS für die Ausgabe der Kundenadresse ab der Zelle A13 des Registers *Rechnung* an, z. B.:
=WENN(E17>0;SVERWEIS($E$17;Kunden!$A$4:$F$8;2);0)

Erstellen Sie das Anschriftenfeld komplett.

Aufgabe 2:

Kennzeichnen Sie unten stehende Aussagen mit einer

- 1, wenn es sich um Datensicherung handelt,
- 2, wenn es sich um Datenschutz handelt.

☐ Die unberechtigte Übertragung und Weitergabe oder der unberechtigte Zugriff personenbezogener Daten steht hierbei im Vordergrund.

☐ Hierbei sollen die Daten selbst vor Verlust, Beschädigung, Verfälschung und unerlaubtem Zugriff geschützt werden.

☐ Es handelt sich um Maßnahmen zum Schutz aller personenbezogenen Daten.

☐ Die Privatsphäre der Personen soll durch den Missbrauch von Daten geschützt werden.

☐ Sämtliche Daten eines Unternehmens sollen durch geeignete Maßnahmen geschützt werden.

Aufgabe 3:

Kennzeichnen Sie unten stehende Aussagen mit einer

- 1, wenn es sich ausschließlich um Datensicherung handelt,
- 2, wenn es sich ausschließlich um Datenschutz handelt,
- 3, wenn es sich sowohl um Datensicherung als auch um Datenschutz handelt,
- 4, wenn es sich weder um Datensicherung noch um Datenschutz handelt.

☐ In einer Programmierabteilung müssen die Mitarbeiter ihre Ausweise mit Zugangsberechtigung offen tragen.

☐ Die Mitarbeiter einer Personalabteilung haben Zugangsberechtigung zu den Personalstammdaten nur über im Programm hinterlegte Passwörter.

☐ Die Datenträger mit den Daten des Tages werden abends im Tresor verschlossen.

☐ Ein Bürger verlangt von der SCHUFA (Kreditauskunftei), eine irrtümliche Eintragung zu löschen.

☐ Neben dem Schreibtischtest führt der Programmierer noch einen Kontrolllauf des Programms mit „harten" Daten durch.

☐ Jede EAN-Nummer ist mit einem Prüfbit ausgestattet.

☐ Das Eingabeprogramm testet durch Plausibilitätskontrollen die eingegebenen Daten auf Richtigkeit.

Aufgabe 4:

Kennzeichnen Sie unten stehende Begriffe mit einer

- 1, wenn es sich um organisatorische Maßnahmen handelt,
- 2, wenn es sich um Softwaremaßnahmen handelt,
- 3, wenn es sich um Hardwaremaßnahmen handelt.

☐ Zugangsberechtigungen über Codes

☐ feuergeschützte Räume

☐ Plausibilitätskontrollen bei der Dateneingabe

☐ regelmäßige Datensicherung

☐ Tragen von Ausweisen durch Mitarbeiter

☐ Prüfziffernverfahren

☐ Summen- und Vollständigkeitskontrollen bei Onlineformularen

Aufgabe 5:

Richtig (R) oder Falsch (F)? Tragen Sie den entsprechenden Buchstaben in die Kästchen ein.

☐ Eine E-Mail kann man mit der gleichen geringen Sorgfalt schreiben wie z. B. eine WhatsApp-Nachricht.

☐ Auch in einer E-Mail können Formatierungselemente (Aufzählungen etc.) eingefügt werden.

☐ Bei einer E-Mail braucht man nicht die Betreffzeile auszufüllen, der Inhalt ergibt sich ja aus dem Text.

☐ CC bedeutet „Coole Copy".

☐ BCC bedeutet „Bild Carbon Copy". Die anderen E-Mail-Empfänger erkennen den im BBC-Feld gelisteten Empfänger nicht.

Aufgabe 6:

Lösungswort: ☐☐☐☐☐☐☐☐

1. unaufgeforderte Massenwerbung
2. alle Seiten eines Internetauftritts (englisch)
3. Abkürzung für World Wide Web
4. Computerprogramm zum Verwalten, Finden und Betrachten von Websites

5. bekanntes Textprogramm
6. Begriff für einen tragbaren Computer – nicht Notebook, sondern ...
7. Verweis auf eine Internetseite
8. Das ist das weltumspannende Computernetz, bestehend aus einer Unzahl von verschiedenen Netzwerken. Zwei der bekanntesten Dienste sind das WWW und E-Mail.
9. englisches Wort (Einzahl) für „kleine Bilder", welche man z. B. in Word einfügen kann
10. anderes deutsches Wort für „Monitor"
11. Aus diesem Gerät kommen bedruckte Blätter heraus.
12. Alle Computer in der Schule sind verbunden in einem Netzwerk. Deswegen heißt es ...
13. englischer Begriff für elektronische Post (ein Buchstabe, ein Bindestrich, ein Wort)
14. Am Computer kann man sich schriftlich unterhalten. Man nennt das auf Englisch ...

Bildquellenverzeichnis

folgt

Sachwortverzeichnis

folgt